bibliocollège

Le Médecin malgré lui

Molière

Notes, questionnaires et Dossier Bibliocollège
par Chantal GRENOT,
agrégée de Lettres modernes,
professeur en I.U.F.M.

Texte conforme à l'édition des Grands Écrivains de la France

Crédits photographiques

pp. 5-6 : collection Comédie-française. **pp. 8, 43, 74** : École française du XVIIe siècle, « Les Farceurs français et italiens » en 1670, photographie Bulloz. **p. 12** : J.-J. Pivert et B. Belle, photographie Compagnie Ecla Théâtre. **p. 21** : Comédie-Française, photographie Marc Enguerand. **p. 39** : J.-J. Pivert, photographie Compagnie Ecla Théâtre. **p. 40** : Comédie-Française, photographie Marc Enguerand. **p. 47** : photothèque Hachette. **p. 55** : photothèque Hachette. **p. 65** : Deville, Irène, Saint-Père, Crouzet, photographie Compagnie Ecla Théâtre. **p. 71** : photographie collection Viollet. **p. 77** : photothèque Hachette. **p. 79** : photothèque Hachette. **p. 85** : collection Comédie-Française. **p. 87** : photographie agence de presse Bernand. **p. 105** : photographie Jean-Loup Charmet. **p. 112** : photothèque Hachette. **p. 116** : photographies collection Viollet. **p. 118** : photographie ND Viollet. **p. 119** : photothèque Hachette. **p. 120** : *haut* : photographie Jean-Loup Charmet ; *bas* : photographie Jean-Claude Dewolf.

Conception graphique

Couverture : *Laurent Carré*

Intérieur : *ELSE*

Mise en page

Médiamax

Illustration des questionnaires

Harvey Stevenson

Dossier pédagogique téléchargeable gratuitement sur :
www.hachette-education.com

ISBN : 978-2-01-167826-3

www.hachette-education.com

© HACHETTE LIVRE, 1999, 43, quai de Grenelle, 75905 PARIS Cedex 15.
Tous droits de traduction, de reproduction et d'adaptation réservés pour tous pays.

Sommaire

Félicia Dionne 6e

Introduction

1666 : Molière est très célèbre, mais cette année-là il s'est vu interdire *Tartuffe* et *Dom Juan* et il vient de donner *Le Misanthrope*, sans succès. Après les grandes comédies, il décide de renouer avec la farce, genre plus populaire qu'il affectionne et qu'il n'avait jamais vraiment abandonné depuis *La Jalousie du Barbouillé* ou *Le Médecin volant* qu'il avait joués pour accompagner ses premières comédies en arrivant à Paris. Coups de bâton, disputes, jurons, déguisements, c'est tout le festival des procédés comiques traditionnels de la farce française et italienne dont il nourrit sa pièce. Le 6 août 1666, alors que *Le Misanthrope*, grande comédie plus sérieuse, tient difficilement l'affiche depuis deux mois, *Le Médecin malgré lui* triomphe ! Le public connaît bien ce médecin-là ; c'est Sganarelle, héritier de la *commedia dell'arte*, que Molière a déjà mis en scène plusieurs fois depuis *Sganarelle ou le Cocu magnifique* (1660). Aléas de la vie conjugale, charlatanisme des médecins igno-

Geoffroy dans le rôle de Sganarelle, acte II, scène 6, gravure de L. Wolff (1868).

rants et cupides, les thèmes non plus ne sont pas nouveaux. Déjà dans *Le Médecin volant* et dans *L'Amour médecin*, créés un an auparavant, la médecine était en butte aux moqueries alertes de Molière, et le public ne s'était pas fait prier pour applaudir.

Le Médecin malgré lui, dont la source la plus lointaine est le fabliau médiéval *Le Vilain Mire*, peut être considéré comme une des farces de Molière les plus réussies. C'est d'ailleurs celle qui a été le plus jouée – cinquante-neuf fois du vivant de Molière – comme *Tartuffe* a été la comédie la plus représentée.

Depuis plus de trois cents ans, la pièce déclenche toujours le rire ; pourtant la médecine de Louis XIV est loin de celle du XXIe siècle ! Certes, Molière met en scène, entre autres, un faux médecin qui aura l'occasion de donner une fausse consultation à une fausse malade et c'est très drôle, mais surtout il écrit une vraie satire qui vise non seulement les médecins de la cour mais aussi les charlatans et les naïfs de tous les temps. Molière a voulu « entrer comme il faut dans le ridicule des hommes », et les corriger de leurs vices en les faisant rire. Sa peinture de la nature humaine est intemporelle, donc toujours actuelle. Ainsi il y aura toujours des pédants pour impressionner les naïfs par un jargon incompréhensible. Qui n'en a rencontré ? Qui d'ailleurs pourrait jurer de n'être pas un jour victime d'un charlatan ou d'un simulateur rusé ? Molière nous fait rire aux larmes ; mais du rire aux pleurs, justement, il n'y a qu'un pas, car tout ne se finit pas toujours aussi bien dans la vie que sur la scène à la fin du *Médecin malgré lui*.

PERSONNAGES

SGANARELLE : mari de Martine.

MARTINE : femme de Sganarelle.

M. ROBERT : voisin de Sganarelle.

VALÈRE : domestique de Géronte.

LUCAS : mari de Jacqueline.

GÉRONTE : père de Lucinde.

JACQUELINE : nourrice chez Géronte
et femme de Lucas.

LUCINDE : fille de Géronte.

LÉANDRE : amant[1] de Lucinde.

THIBAUT : père de Perrin.

PERRIN : fils de Thibaut, paysan.

Le premier acte se passe dans une clairière près de la maison de Sganarelle. Les actes II et III se passent dans une pièce de la maison de Géronte.

note

1. amant : amoureux, soupirant.

Acte I

Scène 1

SGANARELLE, MARTINE,
*apparaissant sur le théâtre
en se querellant*[1]

SGANARELLE – Non, je te dis que je n'en veux rien faire,
et que c'est à moi de parler et d'être le maître.

MARTINE – Et je te dis, moi, que je veux que tu vives à
ma fantaisie, et que je ne me suis point mariée avec toi
pour souffrir tes fredaines[2].

SGANARELLE – Ô la grande fatigue que d'avoir une
femme ! et qu'Aristote[3] a bien raison, quand il dit
qu'une femme est pire qu'un démon !

MARTINE – Voyez un peu l'habile homme, avec son benêt
d'Aristote !

notes

1. se quereller : se disputer.

2. souffrir tes fredaines :
supporter tes écarts
de conduite.

3. Aristote : célèbre
philosophe grec
(du IVe siècle av. J.-C.).

SGANARELLE – Oui, habile homme : trouve-moi un faiseur de fagots qui sache, comme moi, raisonner des choses, qui ait servi six ans un fameux médecin, et qui ait su, dans son jeune âge, son rudiment[1] par cœur.

15 MARTINE – Peste du fou fieffé[2] !

SGANARELLE – Peste de la carogne[3] !

MARTINE – Que maudits soient l'heure et le jour où je m'avisai d'aller dire oui !

SGANARELLE – Que maudit soit le bec cornu[4] de notaire qui
20 me fit signer ma ruine !

MARTINE – C'est bien à toi, vraiment, à te plaindre de cette affaire ! Devrais-tu être un seul moment sans rendre grâces au Ciel de m'avoir pour ta femme ? et méritais-tu d'épouser une personne comme moi ?

25 SGANARELLE – Il est vrai que tu me fis trop d'honneur, et que j'eus lieu de me louer la première nuit de nos noces[5] ! Hé ! morbleu[6] ! ne me fais point parler là-dessus : je dirais de certaines choses…

MARTINE – Quoi ? que dirais-tu ?

30 SGANARELLE – Baste[7], laissons là ce chapitre. Il suffit que nous savons ce que nous savons, et que tu fus bien heureuse de me trouver.

---

notes

1. rudiment : (du latin *rudimentum* : apprentissage) petit livre qui contenait les notions élémentaires de la grammaire latine.

2. fieffé : qui a atteint le dernier degré d'un défaut, d'un vice ; *fou fieffé :* fou au plus haut degré.

3. carogne : (terme populaire et injurieux) charogne, c'est-à-dire femme méprisée.

4. bec cornu : (de l'italien *becco cornuto* : bouc à cornes) sot, imbécile.

5. j'eus lieu de me louer la première nuit de nos noces : Sganarelle fait remarquer à

Martine (en utilisant l'ironie) qu'il n'était pas son premier amant le soir de ses noces.

6. morbleu : (je te le jure par la mort de Dieu) juron marquant la colère.

7. Baste : (de l'italien : *basta*) ça suffit ! assez !

MARTINE – Qu'appelles-tu bien heureuse de te trouver ? Un homme qui me réduit à l'hôpital[1], un débauché, un traître,
35 qui me mange tout ce que j'ai ?

SGANARELLE – Tu as menti : j'en bois une partie.

MARTINE – Qui me vend, pièce à pièce, tout ce qui est dans le logis.

SGANARELLE – C'est vivre de ménage[2].

40 **MARTINE** – Qui m'a ôté jusqu'au lit que j'avais.

SGANARELLE – Tu t'en lèveras plus matin.

MARTINE – Enfin qui ne laisse aucun meuble dans toute la maison.

SGANARELLE – On en déménage plus aisément.

45 **MARTINE** – Et qui, du matin jusqu'au soir, ne fait que jouer et que boire.

SGANARELLE – C'est pour ne me point ennuyer.

MARTINE – Et que veux-tu, pendant ce temps, que je fasse avec ma famille ?

50 **SGANARELLE** – Tout ce qu'il te plaira.

MARTINE – J'ai quatre pauvres petits enfants sur les bras.

SGANARELLE – Mets-les à terre.

MARTINE – Qui me demandent à toute heure du pain.

SGANARELLE – Donne-leur le fouet : quand j'ai bien bu et
55 bien mangé, je veux que tout le monde soit saoul[3] dans ma maison.

---

notes

1. l'hôpital : on y hébergeait alors les malades et les pauvres.

2. vivre de ménage : sens propre, vivre en ménageant la dépense, donc avec économie ; sens figuré, en vendant les ustensiles du ménage. Sganarelle joue sur les mots.

3. saoul : rassasié.

MARTINE – Et tu prétends, ivrogne, que les choses aillent toujours de même ?

SGANARELLE – Ma femme, allons tout doucement, s'il vous 60 plaît.

MARTINE – Que j'endure éternellement tes insolences et tes débauches ?

SGANARELLE – Ne nous emportons point, ma femme.

MARTINE – Et que je ne sache pas trouver le moyen de te 65 ranger[1] à ton devoir ?

SGANARELLE – Ma femme, vous savez que je n'ai pas l'âme endurante, et que j'ai le bras assez bon.

MARTINE – Je me moque de tes menaces.

SGANARELLE – Ma petite femme, ma mie[2], votre peau vous 70 démange, à votre ordinaire[3].

MARTINE – Je te montrerai bien que je ne te crains nullement.

SGANARELLE – Ma chère moitié, vous avez envie de me dérober quelque chose[4].

75 **MARTINE** – Crois-tu que je m'épouvante de tes paroles ?

SGANARELLE – Doux objet de mes vœux, je vous frotterai les oreilles.

MARTINE – Ivrogne que tu es !

SGANARELLE – Je vous battrai.

80 **MARTINE** – Sac à vin !

---

notes

1. ranger : ramener.
2. ma mie : (de *m'amie*) mon amie.

3. à votre ordinaire : à votre habitude.
4. me dérober quelque chose : me voler une gifle

ou des coups de bâton (comme si Martine voulait obliger Sganarelle à les lui donner !).

Sganarelle – Je vous rosserai !

Martine – Infâme !

Sganarelle – Je vous étrillerai[1].

Martine – Traître, insolent, trompeur, lâche, coquin, pendard[2], gueux[3], bélître[4], fripon, maraud[5], voleur… !

Sganarelle (*Il prend un bâton et lui en donne.*) – Ah ! vous en voulez donc !

Martine – Ah ! ah, ah, ah !

Sganarelle – Voilà le vrai moyen de vous apaiser.

Jean-Jacques Pivert
(Sganarelle)
et Brigitte Belle
(Martine),
Ecla Théâtre,
mise en scène
de Didier Lafaye
(1999).

notes

1. étriller : brosser un cheval, le frotter avec « l'étrille » (brosse en fer à lames dentelées). Ici : battre, malmener.

2. pendard : qui mérite la pendaison.

3. gueux : misérable, fripon.

4. bélître : (terme injurieux) coquin, homme de rien.

5. maraud : coquin.

Au fil du texte

AVEZ-VOUS BIEN LU ?

1. Qui sont les personnages ?

2. Qu'apprenez-vous de chacun d'eux ?

3. Où la scène se déroule-t-elle ?

4. Dites en une phrase ce qui se passe dans cette scène.

5. Choisissez le titre qui convient le mieux pour illustrer cette scène :
a) Une scène d'amour.
b) Une scène dramatique.
c) Une scène de ménage.
Justifiez votre réponse.

ÉTUDIER LE VOCABULAIRE

6. Relevez les injures que Martine adresse à Sganarelle.

7. Quelles sont celles que l'on pourrait encore employer aujourd'hui ?

8. Relevez un jeu de mots de Sganarelle.

ÉTUDIER LE DISCOURS

9. Relevez tous les pronoms qui désignent Martine quand Sganarelle s'adresse à elle.

10. Que remarquez-vous à partir de la ligne 59 ? Qu'en déduisez-vous ?

ÉTUDIER LE GENRE DU TEXTE

11. En vous aidant de l'introduction pages 5 et 6, dites à quel genre appartient _Le Médecin malgré lui._ Retrouvez, dans la scène 1 de l'acte I, un élément qui justifie votre réponse.

12. Quelle est la réaction que l'on attend du spectateur ?

ÉTUDIER L'ÉCRITURE

13. Quels signes de ponctuation sont couramment utilisés à la fin de chaque réplique ? Pourquoi ?

14. La réplique de Martine enchaîne une suite de mots placés entre virgules : « _traître, insolent, trompeur, lâche, coquin, pendard, gueux, bélître, fripon, maraud, voleur... !_ ».
Comment appelle-t-on ce procédé d'écriture ?
_a)_ Une énumération.
_b)_ Une comparaison.

ÉTUDIER LA PLACE ET LA FONCTION DE LA SCÈNE

15. La première scène d'une pièce de théâtre nous apprend qui sont les personnages et situe l'action.
On l'appelle :
_a)_ élément de perturbation ;
_b)_ scène d'exposition ;
_c)_ dénouement.

À VOS PLUMES !

16. En vous aidant de la question 14, rédigez une phrase dans laquelle vous utiliserez une énumération.

17. Rédigez une ou deux phrases pour dire ce qui vous a fait rire dans cette scène.

18. Choisissez un partenaire pour former une équipe de deux.
Rédigez une scène de ménage sous forme de dialogue de théâtre. Pensez bien :
– aux didascalies★, à noter en couleur ;
– à la façon dont la scène va se terminer ;
– à la ponctuation du dialogue.

didascalies : indications de mise en scène données par l'auteur.

MISE EN SCÈNE

19. Essayez de jouer le dialogue que vous avez écrit à la question 18.

20. Sur quel ton les personnages doivent-ils se parler ? N'oubliez pas les gestes qui accompagnent les paroles.

Scène 2

M. ROBERT, SGANARELLE, MARTINE

M. ROBERT – Holà, holà, holà ! Fi ![1] Qu'est ceci ? Quelle infamie ! Peste soit le coquin, de battre ainsi sa femme !

MARTINE, *les mains sur les côtés, lui parle en le faisant reculer, et à la fin lui donne un soufflet[2].* – Et je veux qu'il me batte, moi.

5 **M. ROBERT** – Ah ! j'y consens de tout mon cœur.

MARTINE – De quoi vous mêlez-vous ?

M. ROBERT – J'ai tort.

MARTINE – Est-ce là votre affaire ?

M. ROBERT – Vous avez raison.

10 **MARTINE** – Voyez un peu cet impertinent, qui veut empêcher les maris de battre leurs femmes.

M. ROBERT – Je me rétracte[3].

MARTINE – Qu'avez-vous à voir là-dessus ?

M. ROBERT – Rien.

15 **MARTINE** – Est-ce à vous d'y mettre le nez ?

M. ROBERT – Non.

MARTINE – Mêlez-vous de vos affaires.

M. ROBERT – Je ne dis plus mot.

MARTINE – Il me plaît d'être battue.

20 **M. ROBERT** – D'accord.

MARTINE – Ce n'est pas à vos dépens[4].

---

notes

1. Fi ! : interjection marquant le dégoût, le mépris.

2. soufflet : gifle.

3. Je me rétracte : je reviens sur ce que j'ai dit.

4. Ce n'est pas à vos dépens : ce n'est pas vous qui en faites les frais (la dépense).

M. ROBERT – Il est vrai.

MARTINE – Et vous êtes un sot de venir vour fourrer où vous n'avez que faire.

25 M. ROBERT *(Il passe ensuite vers le mari, qui pareillement lui parle toujours en le faisant reculer, le frappe avec le même bâton et le met en fuite ; il dit à la fin :)* – Compère[1], je vous demande pardon de tout mon cœur. Faites, rossez, battez comme il faut votre femme ; je vous aiderai, si vous le voulez.

30 SGANARELLE – Il ne me plaît pas, moi.

M. ROBERT – Ah ! c'est une autre chose.

SGANARELLE – Je la veux battre, si je le veux ; et ne la veux pas battre, si je ne le veux pas.

M. ROBERT – Fort bien.

35 SGANARELLE – C'est ma femme, et non pas la vôtre.

M. ROBERT – Sans doute.

SGANARELLE – Vous n'avez rien à me commander.

M. ROBERT – D'accord.

SGANARELLE – Je n'ai que faire de votre aide.

40 M. ROBERT – Très volontiers.

SGANARELLE – Et vous êtes un impertinent de vous ingérer des affaires d'autrui[2]. Apprenez que Cicéron[3] dit qu'entre l'arbre et le doigt il ne faut point mettre l'écorce. *(Ensuite il revient vers sa femme, et lui dit, en lui pressant la main :)*
45 Ô çà, faisons la paix nous deux. Touche là[4].

---

notes

1. Compère : au XVIIe siècle, camarade, compagnon. Complice en astuces, en supercheries (voir l'emploi chez La Fontaine : *compère renard*…).

2. vous ingérer des affaires d'autrui : vous mêler des affaires des autres (aujourd'hui, *ingérer* se construit avec la préposition *dans*).

3. Cicéron : célèbre homme politique et orateur latin du Ier siècle av. J.-C.

4. Touche là : touche ma main pour dire que tu me pardonnes.

MARTINE – Oui ! après m'avoir ainsi battue !

SGANARELLE – Cela n'est rien, touche.

MARTINE – Je ne veux pas.

SGANARELLE – Eh !

50 **MARTINE** – Non.

SGANARELLE – Ma petite femme !

MARTINE – Point.

SGANARELLE – Allons, te dis-je.

MARTINE – Je n'en ferai rien.

55 **SGANARELLE** – Viens, viens, viens.

MARTINE – Non : je veux être en colère.

SGANARELLE – Fi ! c'est une bagatelle[1]. Allons, allons.

MARTINE – Laisse-moi là.

SGANARELLE – Touche, te dis-je.

60 **MARTINE** – Tu m'as trop maltraitée.

SGANARELLE – Eh bien va, je te demande pardon ; mets là ta main.

MARTINE – Je te pardonne ; *(elle dit le reste bas)* mais tu le payeras.

65 **SGANARELLE** – Tu es une folle de prendre garde à cela ; ce sont petites choses qui sont de temps en temps nécessaires dans l'amitié ; et cinq ou six coups de bâton, entre gens qui s'aiment, ne font que ragaillardir l'affection[2]. Va, je m'en vais au bois, et je te promets aujourd'hui plus d'un cent de
70 fagots.

---

notes

1. bagatelle : chose de peu d'importance, détail.

2. ragaillardir l'affection : faire renaître l'affection.

Au fil du texte

AVEZ-VOUS BIEN LU ?

1. Quel est le nouveau personnage qui intervient dans cette scène ?

2. Que veut-il ?

3. Que lui reproche Martine ?

4. Comment est-il récompensé ?

5. Remplacez la première réplique de Martine par celle que vous attendiez.

didascalies : **indications de mise en scène données par l'auteur.**

ÉTUDIER LE VOCABULAIRE ET LA GRAMMAIRE

6. Relevez les mots qui montrent que Monsieur Robert bat rapidement en retraite.

7. Quels types de phrases utilise Martine pour intimider Monsieur Robert ?

ÉTUDIER LE DISCOURS

8. Quel est le personnage désigné par « *le coquin* » ?

ÉTUDIER UN GENRE : LA FARCE

9. Donnez un exemple de comique de mots et de comique de gestes.

10. En quoi la situation est-elle comique ?

11. Relisez les didascalies*. Pourquoi sont-elles importantes dans cette scène ?

ÉTUDIER L'ÉCRITURE

12. Comment Sganarelle s'y prend-il pour convaincre Martine de se réconcilier avec lui ? Prenez des exemples dans le texte pour justifier votre réponse.

13. Quelle phrase de Martine, précédée d'une didascalie, nous montre qu'il s'agit d'une fausse réconciliation ?

14. La scène peut se découper en deux parties. Indiquez-les. Justifiez votre réponse.

15. Rétablissez correctement le proverbe cité par Sganarelle de manière fantaisiste, lignes 42 et 43.

MISE EN SCÈNE

16. Essayez de jouer cette scène en tenant compte de toutes les didascalies et particulièrement de celles qui suggèrent les déplacements des personnages.

Scène 3

MARTINE, *seule.* —Va, quelque mine que je fasse[1], je n'oublie
   pas mon ressentiment[2] ; et je brûle en moi-même de trouver les moyens de te punir des coups que tu me donnes. Je
   sais bien qu'une femme a toujours dans les mains de quoi
5 se venger d'un mari ; mais c'est une punition trop délicate
   pour mon pendard : je veux une vengeance qui se fasse
   un peu mieux sentir ; et ce n'est pas contentement pour
   l'injure que j'ai reçue.

Catherine Hiegel
(Martine),
mise en scène
de Dario Fo,
Comédie-Française
(1991).

Au fil du texte

Questions sur l'acte I, scène 3 (page 21)

AVEZ-VOUS BIEN LU ?

1. Quels sont les sentiments de Martine ?

2. Que veut-elle faire ?

ÉTUDIER LE VOCABULAIRE

3. Relevez le champ lexical* de la vengeance.

ÉTUDIER UN GENRE : LE THÉÂTRE

champ lexical : regroupement de mots appartenant à la même idée, à la même notion.

4. Comment appelle-t-on le discours d'un personnage seul sur scène qui se parle à lui-même ?

ÉTUDIER L'ÉCRITURE

5. Quelle phrase très importante pour la suite de la pièce fait de ce monologue une scène clé ?

À VOS PLUMES !

6. Réécrivez la tirade de Martine avec vos propres mots.

MISE EN SCÈNE

7. Vous vous préparez à passer un concours d'interprétation pour cette scène.
Apprenez le monologue par cœur et entraînez-vous à le jouer en vous concentrant sur le ton et les gestes à adopter pour que transparaisse toute la menace que laisse planer ce discours vengeur.

Scène 4 VALÈRE, LUCAS, MARTINE

LUCAS – Parguenne[1] ! j'avons pris là tous deux une guèble[2] de commission ; et je ne sais pas, moi, ce que je pensons attraper[3].

VALÈRE – Que veux-tu, mon pauvre nourricier[4] ? il faut
5   bien obéir à notre maître ; et puis nous avons intérêt, l'un et l'autre, à la santé de sa fille, notre maîtresse ; et sans doute son mariage, différé[5] par sa maladie, nous vaudrait quelque récompense. Horace, qui est libéral[6], a bonne part aux prétentions[7] qu'on peut avoir sur sa personne ; et quoiqu'elle
10   ait fait voir de l'amitié[8] pour un certain Léandre, tu sais bien que son père n'a jamais voulu consentir à le recevoir pour son gendre.

MARTINE, *rêvant à part elle.* – Ne puis-je point trouver quelque invention pour me venger ?

15   LUCAS – Mais quelle fantaisie s'est-il boutée[9] là dans la tête, puisque les médecins y avont tous pardu[10] leur latin ?

VALÈRE – On trouve quelquefois, à force de chercher, ce qu'on ne trouve pas d'abord[11] ; et souvent, en de simples lieux[12]…

20   MARTINE – Oui, il faut que je m'en venge à quelque prix que ce soit : ces coups de bâton me reviennent au cœur, je

notes

1. parguenne : parbleu en patois (je te le jure par Dieu).

2. guèble : diable (en patois).

3. attraper : espérer.

4. nourricier : mari de la nourrice (Jacqueline).

5. différé : retardé, remis à plus tard.

6. libéral : généreux.

7. a bonne part aux prétentions : est bien placé sur la liste des prétendants de Lucinde.

8. de l'amitié : du sentiment, de l'amour.

9. boutée : mise.

10. pardu : perdu (en patois : *e* devient *a*).

11. d'abord : immédiatement, du premier coup.

12. de simples lieux : des lieux fréquentés par les gens simples.

ne les saurais digérer, et… *(Elle dit tout ceci en rêvant, de sorte que ne prenant pas garde à ces deux hommes, elle les heurte en se retournant, et leur dit :)* Ah ! Messieurs, je vous demande pardon ; je ne vous voyais pas, et cherchais dans ma tête quelque chose qui m'embarrasse.

VALÈRE – Chacun a ses soins[1] dans le monde, et nous cherchons aussi ce que nous voudrions bien trouver.

MARTINE – Serait-ce quelque chose où je vous puisse aider ?

VALÈRE – Cela se pourrait faire ; et nous tâchons de rencontrer quelque habile homme, quelque médecin particulier, qui pût[2] donner quelque soulagement à la fille de notre maître, attaquée d'une maladie qui lui a ôté tout d'un coup l'usage de la langue. Plusieurs médecins ont déjà épuisé toute leur science après elle : mais on trouve parfois des gens avec des secrets admirables, de certains remèdes particuliers, qui font le plus souvent ce que les autres n'ont su faire ; et c'est là ce que nous cherchons.

MARTINE *(Elle dit ces premières lignes bas.)* – Ah ! que le Ciel m'inspire une admirable invention pour me venger de mon pendard[3] ! *(Haut.)* Vous ne pouviez jamais vous mieux adresser pour rencontrer ce que vous cherchez ; et nous avons ici un homme, le plus merveilleux homme du monde, pour les maladies désespérées.

VALÈRE – Et de grâce, où pouvons-nous le rencontrer ?

MARTINE – Vous le trouverez maintenant vers ce petit lieu que voilà, qui s'amuse à couper du bois.

LUCAS – Un médecin qui coupe du bois !

notes

1. **soins :** soucis.
2. **pût :** verbe *pouvoir* à l'imparfait du subjonctif (donc présence de l'accent circonflexe sur le *u*).
3. **pendard :** qui mérite la pendaison.

VALÈRE – Qui s'amuse à cueillir des simples[1], voulez-vous
50   dire ?

MARTINE – Non : c'est un homme extraordinaire qui se plaît
à cela, fantasque, bizarre, quinteux[2], et que vous ne prendriez jamais pour ce qu'il est. Il va vêtu d'une façon extravagante, affecte quelquefois de paraître ignorant, tient sa
55   science renfermée, et ne fuit rien tant[3] tous les jours que
d'exercer les merveilleux talents qu'il a eus du Ciel pour la
médecine.

VALÈRE – C'est une chose admirable, que tous les grands
hommes ont toujours du caprice, quelque petit grain de
60   folie mêlé à leur science.

MARTINE – La folie de celui-ci est plus grande qu'on ne peut
croire, car elle va parfois jusqu'à vouloir être battu pour
demeurer d'accord de sa capacité[4] ; et je vous donne avis
que vous n'en viendrez point à bout, qu'il n'avouera jamais
65   qu'il est médecin, s'il se le met en fantaisie[5], que vous ne
preniez chacun[6] un bâton, et ne le réduisiez, à force de
coups, à vous confesser à la fin ce qu'il vous cachera
d'abord. C'est ainsi que nous en usons quand nous avons
besoin de lui.

70   **VALÈRE** – Voilà une étrange folie !

MARTINE – Il est vrai ; mais, après cela, vous verrez qu'il fait
des merveilles.

VALÈRE – Comment s'appelle-t-il ?

---

notes

1. des simples : des plantes
médicinales.

2. quinteux : qui a des quintes
de toux. Ici : capricieux,
qui a des lubies.

3. ne fuit rien tant : fuit
surtout.

**4. demeurer d'accord de sa
capacité :** reconnaître ce
qu'il sait faire, c'est-à-dire
ses talents de médecin.

5. s'il se le met en fantaisie :
si la fantaisie – le caprice –
prend de se le mettre en tête.

**6. que vous ne preniez
chacun :** à moins que vous ne
preniez chacun.

MARTINE – Il s'appelle Sganarelle ; mais il est aisé à connaître :
c'est un homme qui a une large barbe[1] noire, et qui porte
une fraise[2], avec un habit jaune et vert.

LUCAS – Un habit jaune et vart ! C'est donc le médecin des
paroquets[3] ?

VALÈRE – Mais est-il bien vrai qu'il soit si habile que vous le
dites ?

MARTINE – Comment ? C'est un homme qui fait des
miracles. Il y a six mois qu'une femme fut abandonnée de
tous les autres médecins : on la tenait morte[4] il y avait déjà
six heures, et l'on se disposait à l'ensevelir, lorsqu'on y fit
venir de force l'homme dont nous parlons. Il lui mit,
l'ayant vue, une petite goutte de je ne sais quoi dans la
bouche, et, dans le même instant, elle se leva de son lit et
se mit aussitôt à se promener dans sa chambre, comme si
de rien n'eût été.

LUCAS – Ah !

VALÈRE – Il fallait que ce fût quelque goutte d'or potable[5].

MARTINE – Cela pourrait bien être. Il n'y a pas trois semaines
encore qu'un jeune enfant de douze ans tomba du haut du
clocher en bas, et se brisa, sur le pavé, la tête, les bras et les
jambes. On n'y eut pas plus tôt amené notre homme, qu'il
le frotta par tout le corps d'un certain onguent[6] qu'il sait
faire ; et l'enfant aussitôt se leva sur ses pieds et courut
jouer à la fossette[7].

notes

1. barbe : désignait aussi les moustaches.

2. fraise : collerette plissée.

3. paroquets : perroquets (en patois : *e* devient *a*).

4. on la tenait morte : on la tenait pour morte, on pensait qu'elle était morte.

5. or potable : potion à base de chlorure d'or très recherchée à l'époque de Molière pour ses effets « miraculeux »

(potable : qui peut être bu).

6. onguent : pommade.

7. fossette : jeu qui consistait à lancer des billes dans un trou (une petite fosse).

LUCAS — Ah !

100 VALÈRE — Il faut que cet homme-là ait la médecine universelle[1].

MARTINE — Qui en doute ?

LUCAS — Testigué[2] ! velà[3] justement l'homme qu'il nous faut. Allons vite le charcher[4].

105 VALÈRE — Nous vous remercions du plaisir que vous nous faites.

MARTINE — Mais souvenez-vous bien au moins de l'avertissement que je vous ai donné.

LUCAS — Eh, morguenne[5] ! laissez-nous faire : s'il ne tient 110 qu'à battre, la vache est à nous[6].

VALÈRE — Nous sommes bien heureux d'avoir fait cette rencontre ; et j'en conçois, pour moi, la meilleure espérance du monde.

---

notes

1. la médecine universelle : qui soigne toutes les maladies.

2. Testigué : tête bleue (en patois : je le jure par la tête de Dieu).

3. velà : voilà.

4. charcher : chercher.

5. morguenne : morbleu (en patois : je le jure par la mort de Dieu).

6. la vache est à nous : l'affaire est faite.

27

Au fil du texte

AVEZ-VOUS BIEN LU ?

1. Quels sont les nouveaux personnages qui entrent en scène ?

2. Décrivez-les en quelques phrases.

3. Que nous apprennent-ils sur leur maître et sur sa fille ?

4. Quelles répliques de Martine nous ramènent à son projet de vengeance ?

5. Recopiez la phrase qui montre qu'elle a trouvé sa vengeance.

6. Quelle est cette vengeance ?

7. Quels arguments donne-t-elle à Valère et à Lucas pour les convaincre de la compétence de Sganarelle ?

8. Comment Valère et Lucas pourront-ils reconnaître Sganarelle ?

ÉTUDIER LE VOCABULAIRE

9. Quand Martine dit de Sganarelle : « *C'est un homme qui fait des miracles !* », le mot « *miracle* » est à prendre au sens propre. Pourquoi ? (Voir aussi l'extrait du *Médecin volant* dans le groupement de textes, page 125.)

10. Si vos parents disent que leur nouvelle lessive « fait des miracles », qu'entendent-ils par là ?

11. Dans quel sens est alors employé ce mot ?

ÉTUDIER LE DISCOURS

12. En vous aidant de la didascalie qui la précède, dites à qui s'adresse la réplique de Martine : « *Ne puis-je point trouver quelque invention pour me venger ?* »

13. Comment s'exprime Lucas ?
a) En franglais.
b) En patois★.
c) En langage soutenu.

ÉTUDIER L'ÉCRITURE

14. Notez, dans le tableau suivant, des exemples des fautes de langue faites par Lucas ou du langage familier qu'il emploie.

prononciation	
grammaire	
vocabulaire archaïque★	
jurons	

patois : langage particulier à une région.

archaïque : vieilli.

ÉTUDIER UN THÈME : LA MÉDECINE

15. Quelle idée vous faites-vous de la médecine et des médecins de l'époque à travers le portrait que Martine fait du « médecin » Sganarelle ?

16. Quel est le but de Molière dans cette scène ?
a) Honorer les médecins de son temps.
b) Se moquer des médecins de son temps.
c) Décrire les pratiques médicales de l'époque.

ÉTUDIER LA PLACE ET LA FONCTION DE LA SCÈNE

17. Pourriez-vous supprimer cette scène de la pièce ? Pourquoi ?

18. En quoi cette scène est-elle comique ?

19. Pourquoi le spectateur se réjouit-il à l'avance ? Justifiez votre réponse par une réplique du texte.

À VOS PLUMES !

20. Relisez les questions 9, 10 et 11.
Employez maintenant le mot « miracle » dans deux phrases : dans la première il sera au sens propre, dans la seconde il sera au sens figuré.

21. Cherchez le mot « satire » dans l'introduction pages 5 et 6 et employez-le dans une phrase.

MISE EN SCÈNE

22. Comment placeriez-vous les personnages au début de la scène ?

23. Quelle réplique de Martine montre qu'elle ne s'aperçoit pas immédiatement de la présence de Valère et de Lucas.

24. Entraînez-vous à jouer le court passage des lignes 20 à 26 en respectant bien la didascalie.

Scène 5   SGANARELLE, VALÈRE, LUCAS

SGANARELLE *entre sur le théâtre en chantant et tenant une bouteille.* – La, la, la.

VALÈRE – J'entends quelqu'un qui chante, et qui coupe du bois.

5 **SGANARELLE** – La, la, la… Ma foi, c'est assez travaillé pour boire un coup. Prenons un peu d'haleine *(Il boit, et dit après avoir bu :)* Voilà du bois qui est salé comme tous les diables[1].

    Qu'ils sont doux,
    Bouteille jolie,
10   *Qu'ils sont doux,*
    Vos petits glouglous !
    Mais mon sort ferait bien des jaloux,
Si vous étiez toujours remplie.
    Ah ! bouteille, ma mie,
15   *Pourquoi vous videz-vous ?*

Allons, morbleu ! il ne faut point engendrer de mélancolie.

VALÈRE – Le voilà lui-même.

LUCAS – Je pense que vous dites vrai, et que j'avons bouté[2] le nez dessus.

20 **VALÈRE** – Voyons de près.

SGANARELLE, *les apercevant, les regarde, en se tournant vers l'un et puis vers l'autre, et abaissant la voix, dit :* – Ah ! ma petite friponne ! que je t'aime, mon petit bouchon[3] !

---

notes

1. du bois qui est salé comme tous les diables : du bois qui donne soif au travailleur qui l'a coupé.

2. j'avons bouté : nous avons mis.

3. mon petit bouchon : terme d'affection qui peut s'adresser à une fillette (une « fillette » est aussi une demi-bouteille dans certaines régions).

25   *… Mon sort… ferait… bien des… jaloux,*
      Si…

   Que diable ! à qui en veulent ces gens-là ?

VALÈRE – C'est lui assurément.

LUCAS – Le velà tout craché comme on nous l'a défiguré[1].

SGANARELLE, *à part.*

30 *(Ici il pose sa bouteille à terre, et Valère se baissant pour le saluer,*
comme il croit que c'est à dessein de[2] *la prendre, il la met de l'autre*
côté ; ensuite de quoi, Lucas faisant la même chose, il la reprend et
la tient contre son estomac, avec divers gestes qui font un grand jeu
de théâtre.)

35   – Ils consultent[3] en me regardant. Quel dessein auraient-
      ils ?

VALÈRE – Monsieur, n'est-ce pas vous qui vous appelez
   Sganarelle ?

SGANARELLE – Eh ! quoi ?

40 **VALÈRE** – Je vous demande si ce n'est pas vous qui se
   nomme[4] Sganarelle.

SGANARELLE, *se tournant vers Valère, puis vers Lucas.* – Oui et
   non, selon ce que vous lui voulez.

VALÈRE – Nous ne voulons que lui faire toutes les civilités[5]
45   que nous pourrons.

SGANARELLE – En ce cas, c'est moi qui se nomme Sganarelle.

VALÈRE – Monsieur, nous sommes ravis de vous voir. On
   nous a adressés à vous pour ce que nous cherchons ; et
   nous venons implorer votre aide, dont nous avons besoin.

---

notes

1. défiguré : dépeint, décrit.
2. à dessein de : dans le but de.
3. Ils consultent : ils se consultent, se concertent.
4. vous qui se nomme : (tournure incorrecte aujourd'hui) vous qui vous nommez.
5. les civilités : les politesses.

50 SGANARELLE – Si c'est quelque chose, Messieurs, qui dépende de mon petit négoce[1], je suis tout prêt à vous rendre service.

VALÈRE – Monsieur, c'est trop de grâce que vous nous faites. Mais, Monsieur, couvrez-vous[2], s'il vous plaît ; le soleil
55 pourrait vous incommoder.

LUCAS – Monsieur, boutez dessus[3].

SGANARELLE, *bas.* –Voici des gens bien pleins de cérémonie[4].

VALÈRE – Monsieur, il ne faut pas trouver étrange que nous venions à vous : les habiles gens sont toujours recherchés,
60 et nous sommes instruits de votre capacité.

SGANARELLE – Il est vrai, Messieurs, que je suis le premier homme du monde pour faire des fagots.

VALÈRE – Ah ! Monsieur…

SGANARELLE – Je n'y épargne aucune chose, et les fais d'une
65 façon qu'il n'y a rien à dire[5].

VALÈRE – Monsieur, ce n'est pas cela dont il est question.

SGANARELLE – Mais aussi je les vends cent dix sols[6] le cent.

VALÈRE – Ne parlons point de cela, s'il vous plaît.

SGANARELLE – Je vous promets que je ne saurais les donner
70 à moins.

VALÈRE – Monsieur, nous savons les choses.

SGANARELLE – Si vous savez les choses, vous savez que je les vends cela.

notes

1. négoce : commerce.

2. couvrez-vous : mettez votre chapeau (sur votre tête : un chapeau = un couvre-chef, pour couvrir la tête).

3. boutez dessus : mettez votre chapeau sur votre tête.

4. des gens bien pleins de cérémonie : des gens bien solennels, exagérément polis.

5. d'une façon qu'il n'y a rien à dire : (tournure incorrecte) d'une façon à laquelle il n'y a rien à redire.

6. sol : sou, ancienne monnaie (vingtième partie de la livre : 12 deniers).

VALÈRE – Monsieur, c'est se moquer que…

75 SGANARELLE – Je ne me moque point, je n'en puis rien rabattre[1].

VALÈRE – Parlons d'autre façon, de grâce.

SGANARELLE – Vous en pourrez trouver autre part à moins : il y a fagots et fagots : mais pour ceux que je fais…

80 VALÈRE – Eh ! Monsieur, laissons là ce discours[2].

SGANARELLE – Je vous jure que vous ne les auriez pas, s'il s'en fallait un double[3].

VALÈRE – Eh ! fi !

SGANARELLE – Non, en conscience, vous en payerez cela. Je
85 vous parle sincèrement, et ne suis pas homme à surfaire[4].

VALÈRE – Faut-il, Monsieur, qu'une personne comme vous s'amuse à ces grossières feintes[5] ? s'abaisse à parler de la sorte ? qu'un homme si savant, un fameux médecin, comme vous êtes, veuille se déguiser aux yeux du monde,
90 et tenir enterrés les beaux talents qu'il a ?

SGANARELLE, à part. – Il est fou.

VALÈRE – De grâce, Monsieur, ne dissimulez point avec nous.

SGANARELLE – Comment ?

95 LUCAS – Tout ce tripotage ne sart de rian[6] ; je savons ce que je savons.

---

notes

1. je n'en puis rien rabattre : c'est mon dernier prix, je ne peux pas le baisser.

2. laissons là ce discours : changeons de sujet.

3. s'il s'en fallait un double : même s'il ne manquait qu'un

double (une pièce de deux deniers, soit le sixième d'un sou) pour faire mon prix.

4. homme à surfaire : homme à vouloir trop cher sa marchandise (la surcoter, lui attribuer

un prix supérieur à sa valeur réelle).

5. feintes : ruses.

6. tout ce tripotage ne sart de rian : toutes vos ruses ne servent à rien.

SGANARELLE – Quoi donc ? que me voulez-vous dire ? Pour qui me prenez-vous ?

VALÈRE – Pour ce que vous êtes, pour un grand médecin.

100 SGANARELLE – Médecin vous-même : je ne le suis point, et ne l'ai jamais été.

VALÈRE, *bas.* –Voilà sa folie qui le tient. *(Haut.)* Monsieur, ne veuillez point nier les choses davantage ; et n'en venons point, s'il vous plaît, à de fâcheuses extrémités.

105 SGANARELLE – À quoi donc ?

VALÈRE – À de certaines choses dont nous serions marris[1].

SGANARELLE – Parbleu ! venez-en à tout ce qu'il vous plaira : je ne suis point médecin, et ne sais pas ce que vous me voulez dire.

110 VALÈRE, *bas.* – Je vois bien qu'il faut se servir du remède. *(Haut.)* Monsieur, encore un coup, je vous prie d'avouer ce que vous êtes.

LUCAS – Et testigué ! ne lantiponez point davantage[2], et confessez à la franquette[3] que v's êtes médecin.

115 SGANARELLE – J'enrage.

VALÈRE – À quoi bon nier ce qu'on sait ?

LUCAS – Pourquoi toutes ces fraimes[4]-là ? et à quoi est-ce que ça vous sart[5] ?

SGANARELLE – Messieurs, en un mot autant qu'en deux
120 mille, je vous dis que je ne suis point médecin.

---

notes

1. marris : fâchés, désolés.

2. ne lantiponez point davantage : ne perdez pas davantage de temps, ne lanternez pas.

3. confessez à la franquette : avouez simplement.

4. fraimes : frimes, manières, grimaces.

5. sart : sert.

VALÈRE – Vous n'êtes point médecin ?

SGANARELLE – Non.

LUCAS – V'n'êtes pas médecin ?

SGANARELLE – Non, vous dis-je.

125 **VALÈRE** – Puisque vous le voulez, il faut s'y résoudre. *(Ils prennent un bâton et le frappent.)*

SGANARELLE – Ah ! ah ! ah ! Messieurs, je suis tout ce qu'il vous plaira.

VALÈRE – Pourquoi, Monsieur, nous obligez-vous à cette
130 violence ?

LUCAS – À quoi bon nous bailler[1] la peine de vous battre ?

VALÈRE – Je vous assure que j'en ai tous les regrets du monde.

LUCAS – Par ma figué[2] ! j'en sis[3] fâché, franchement.

135 **SGANARELLE** – Que diable est ceci, Messieurs ? De grâce, est-ce pour rire, ou si tous deux vous extravaguez[4], de vouloir que je sois médecin ?

VALÈRE – Quoi ? vous ne vous rendez pas encore, et vous vous défendez d'être médecin ?

140 **SGANARELLE** – Diable emporte si je le suis[5] !

LUCAS – Il n'est pas vrai qu'ous sayez[6] médecin ?

SGANARELLE – Non, la peste m'étouffe ! *(Là ils recommencent de le battre.)* Ah ! Ah ! Eh bien, Messieurs, oui, puisque vous le voulez, je suis médecin, je suis médecin ; apothicaire[7]

notes

1. *bailler :* donner.
2. *Par ma figué :* par ma figure.
3. *j'en sis fâché :* j'en suis fâché.

4. *vous extravaguez :* vous délirez, vous êtes fou.
5. *Diable emporte si je le suis :* le diable m'emporte si je le suis (médecin).

6. *qu'ous sayez :* que vous soyez.
7. *apothicaire :* pharmacien, préparateur des remèdes et infirmier.

145 encore, si vous le trouvez bon. J'aime mieux consentir à tout que de me faire assommer.

VALÈRE – Ah ! voilà qui va bien, Monsieur : je suis ravi de vous voir raisonnable.

LUCAS –Vous me boutez la joie au cœur, quand je vous vois
150 parler comme ça.

VALÈRE – Je vous demande pardon de toute mon âme.

LUCAS – Je vous demandons excuse de la libarté que j'avons prise[1].

SGANARELLE, *à part.* – Ouais ! serait-ce bien moi qui me
155 tromperais, et serais-je devenu médecin sans m'en être aperçu ?

VALÈRE – Monsieur, vous ne vous repentirez pas de nous montrer ce que vous êtes ; et vous verrez assurément que vous en serez satisfait.

160 SGANARELLE – Mais, Messieurs, dites-moi, ne vous trompez-vous point vous-mêmes ? Est-il bien assuré que je sois médecin ?

LUCAS – Oui, par ma figué !

SGANARELLE –Tout de bon ?

165 VALÈRE – Sans doute.

SGANARELLE – Diable emporte si je le savais !

VALÈRE – Comment ? vous êtes le plus habile médecin du monde.

---

notes

1. je vous demandons excuse de la libarté que j'avons prise : je vous demande pardon de la liberté que j'ai prise.

SGANARELLE – Ah ! ah !

170 **LUCAS** – Un médecin qui a guari[1] je ne sais combien de maladies.

SGANARELLE – Tudieu[2] !

VALÈRE – Une femme était tenue pour morte il y avait six heures ; elle était prête à ensevelir[3], lorsque, avec une
175 goutte de quelque chose, vous la fîtes revenir et marcher d'abord[4] par la chambre.

SGANARELLE – Peste !

LUCAS – Un petit enfant de douze ans se laissit choir[5] du haut d'un clocher, de quoi il eut la tête, les jambes et les
180 bras cassés ; et vous, avec je ne sais quel onguent[6], vous fîtes qu'aussitôt il se relevit sur ses pieds, et s'en fut jouer à la fossette.

SGANARELLE – Diantre !

VALÈRE – Enfin, Monsieur, vous aurez contentement avec
185 nous ; et vous gagnerez ce que vous voudrez, en vous laissant conduire où nous prétendons vous mener.

SGANARELLE – Je gagnerai ce que je voudrai ?

VALÈRE – Oui.

SGANARELLE – Ah ! je suis médecin, sans contredit[7] : je l'avais
190 oublié ; mais je m'en ressouviens. De quoi est-il question ? Où faut-il se transporter ?

VALÈRE – Nous vous conduirons. Il est question d'aller voir une fille qui a perdu la parole.

notes

1. **guari :** guéri.
2. **Tudieu :** par Dieu (que je tue Dieu si ce n'est pas vrai).
3. **elle était prête à ensevelir :** elle était prête à être ensevelie, on allait l'enterrer.
4. **d'abord :** immédiatement.
5. **se laissit choir :** se laissa tomber.
6. **onguent :** pommade.
7. **sans contredit :** sans aucun doute, sans plus vous contredire.

Jean-Jacques Pivert (Sganarelle),
Compagnie Ecla Théâtre,
mise en scène de Didier Lafaye (1999).

SGANARELLE – Ma foi ! je ne l'ai pas trouvée.

195 VALÈRE – Il aime à rire. Allons, Monsieur.

SGANARELLE – Sans une robe de médecin ?

VALÈRE – Nous en prendrons une.

SGANARELLE, *présentant sa bouteille à Valère.* – Tenez cela, vous :
voilà où je mets mes juleps[1].

200 *Puis se tournant vers Lucas en crachant.*
Vous, marchez là-dessus, par ordonnance du médecin.

LUCAS – Palsanguenne[2] ! velà un médecin qui me plaît ; je
pense qu'il réussira, car il est bouffon[3].

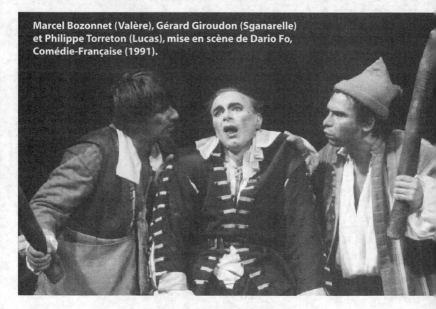

**Marcel Bozonnet (Valère), Gérard Giroudon (Sganarelle)
et Philippe Torreton (Lucas), mise en scène de Dario Fo,
Comédie-Française (1991).**

notes

1. juleps : remèdes, potions, élixirs.

2. palsanguenne : palsambleu (juron en patois),

déformation de *je le jure par le sang de Dieu*.

3. bouffon : drôle, amusant, plaisant.

Au fil du texte

AVEZ-VOUS BIEN LU ?

1. Où se passe la scène ?

2. Les choses se déroulent-elles comme Martine les avait prévues ? Justifiez votre réponse.

3. En quoi Sganarelle est-il ici le même que le Sganarelle de la scène 1, acte I ?

4. Quel argument le convainc finalement d'accepter d'être médecin ?

5. Quel nouveau défaut de Sganarelle découvre-t-on dans cette scène ? (Voir aussi l'extrait du *Médecin volant* dans le groupement de textes, page 125.)

quiproquo : malentendu qui fait que deux personnes parlent de choses différentes en croyant parler de la même.

ÉTUDIER LE DISCOURS

6. « *Le velà tout craché comme on nous l'a défiguré* » dit Lucas. Quels personnages sont représentés par les pronoms « *le* » et « *on* » ?

ÉTUDIER UN GENRE : LA FARCE

7. Molière utilise dans cette scène différents procédés qui sont ceux de la farce. Indiquez les passages du texte qui correspondent aux procédés suivants :

a) jeux de scène et chansonnette avec la bouteille :

lignes .... à ....

b) quiproquo★ : lignes .... à ....

c) coups de bâton : lignes .... à ....

d) jeux de mots : lignes .... à ....

ÉTUDIER UN PROCÉDÉ

8. Quel est le quiproquo qui s'installe entre les personnages ?

9. Tous les procédés comiques sont représentés dans cette scène. Illustrez chacun d'eux par un ou deux exemples pris dans le texte :

a) comique de mots : ....

b) comique de gestes : ....

c) comique de caractère : ....

d) comique de situation : ....

ÉTUDIER LA PLACE ET LA FONCTION DE LA SCÈNE

10. En quoi cette scène justifie-t-elle le titre de la pièce ?

À VOS PLUMES !

11. Inventez une situation dans laquelle vous ferez naître un quiproquo.
a) Résumez la situation au brouillon en deux ou trois phrases.
b) Écrivez un dialogue dans lequel vous développerez puis résoudrez le quiproquo (aidez-vous de la question 8).

LIRE L'IMAGE

12. Décrivez le costume du médecin p. 39.

13. De quel élément du costume est-il question dans la scène ? À quel moment ?

Acte II

Scène 1

Géronte, Valère, Lucas,
Jacqueline

Valère – Oui, Monsieur, je crois que vous serez satisfait ;
et nous vous avons amené le plus grand médecin du
monde.

Lucas – Oh ! morguenne[1] ! il faut tirer l'échelle après
ceti-là[2], et tous les autres ne sont pas daignes de li
déchausser ses souillez[3].

Valère – C'est un homme qui a fait des cures merveilleuses.

Lucas – Qui a guari des gens qui êtiant morts[4].

Valère – Il est un peu capricieux, comme je vous ai dit ;

5

10

---

notes

1. morguenne : par la mort de Dieu.

2. il faut tirer l'échelle après ceti-là : il faut arrêter notre recherche. On ne trouvera pas mieux que celui-ci.

3. daignes de li déchausser ses souillez : dignes de lui déchausser les souliers (de le servir).

4. guari des gens qui êtiant morts : guéri des morts.

et parfois il a des moments où son esprit s'échappe et ne paraît pas ce qu'il est.

LUCAS – Oui, il aime à bouffonner[1] ; et l'an dirait parfois, ne v's en déplaise, qu'il a quelque petit coup de hache à la
15   tête[2].

VALÈRE – Mais, dans le fond, il est toute science, et bien souvent il dit des choses tout à fait relevées[3].

LUCAS – Quand il s'y boute, il parle tout fin drait comme[4] s'il lisait dans un livre.

20 VALÈRE – Sa réputation s'est déjà répandue ici, et tout le monde vient à lui.

GÉRONTE – Je meurs d'envie de le voir ; faites-le-moi vite venir.

VALÈRE – Je vais le quérir[5].

25 JACQUELINE – Par ma fi[6] ! Monsieu, ceti-ci fera justement ce qu'ant fait les autres. Je pense que ce sera queussi queumi[7] ; et la meilleure médeçaine que l'an pourrait bailler à votre fille, ce serait, selon moi, un biau et bon mari, pour qui elle eût de l'amiquié[8].

30 GÉRONTE – Ouais ! Nourrice, ma mie, vous vous mêlez de bien des choses.

LUCAS – Taisez-vous, notre ménagère[9] Jaquelaine : ce n'est pas à vous à bouter là votre nez.

---

notes

1. bouffonner : faire le fou.

2. il a quelque petit coup de hache à la tête : expression comique, surtout employée à propos d'un bûcheron (il est un peu fou).

3. tout à fait relevées : tout à fait intéressantes, intelligentes, d'un haut niveau intellectuel.

4. tout fin drait comme : tout droit, tout à fait comme.

5. quérir : chercher.

6. Par ma fi : par ma foi.

7. queussi queumi : exactement la même chose.

8. amiquié : amitié.

9. ménagère : femme qui tient notre ménage.

JACQUELINE – Je vous dis et vous douze[1] que tous ces méde-
35 cins n'y feront rian que de l'iau claire[2] ; que votre fille a
besoin d'autre chose que de ribarbe[3] et de séné, et qu'un
mari est un emplâtre[4] qui guarit tous les maux des filles.

GÉRONTE – Est-elle en l'état maintenant qu'on s'en voulût
charger[5], avec l'infirmité qu'elle a ? Et lorsque j'ai été dans
40 le dessein[6] de la marier, ne s'est-elle pas opposée à mes
volontés ?

JACQUELINE – Je le crois bian[7] : vous li vouilliez bailler cun
homme qu'alle[8] n'aime point. Que ne preniez-vous ce
Monsieu Liandre, qui li touchait au cœur ? Alle aurait été
45 fort obéissante ; et je m'en vas gager[9] qu'il la prendrait, li,
comme alle est, si vous la li vouilliez donner[10].

GÉRONTE – Ce Léandre n'est pas ce qu'il lui faut : il n'a pas
du bien comme l'autre.

JACQUELINE – Il a un oncle qui est si riche, dont il est
50 hériquié[11].

GÉRONTE – Tous ces biens à venir me semblent autant de
chansons[12]. Il n'est rien tel que ce qu'on tient ; et l'on
court grand risque de s'abuser[13], lorsque l'on compte sur
le bien qu'un autre vous garde. La mort n'a pas toujours les
55 oreilles ouvertes aux vœux et aux prières de Messieurs les

---

notes

1. Je vous dis et vous douze : jeu de mots populaire sur *dis* (prononcer le *s* final), le nombre – dix – et le verbe – dire –, et douze.

2. rian que de l'iau claire : pas plus que de l'eau claire.

3. ribarbe : rhubarbe, séné et casse étaient des plantes médicinales purgatives très

utilisées au XVIIe siècle.

4. emplâtre : sorte de pâte qu'on applique sur la peau.

5. qu'on s'en voulût charger : que quelqu'un veuille bien d'elle (pour l'épouser).

6. dessein : intention.

7. bian : bien.

8. alle : elle.

9. et je m'en vas gager : et je suis prête à parier.

10. si vous la li vouilliez donner : si vous vouliez la lui donner.

11. hériquié : héritier.

12. chansons : propos « en l'air », auxquels on ne peut pas se fier.

13. s'abuser : se tromper.

héritiers ; et l'on a le temps d'avoir les dents longues[1], lorsqu'on attend, pour vivre, le trépas[2] de quelqu'un.

JACQUELINE – Enfin j'ai toujours ouï[3] dire qu'en mariage, comme ailleurs, contentement passe richesse[4]. Les bères[5] et

60 les mères ant cette maudite couteume[6] de demander toujours : « Qu'a-t-il ? » et : « Qu'a-t-elle ? » et le compère Biarre a marié sa fille Simonette au gros Thomas pour un quarquié de vaigne[7] qu'il avait davantage que le jeune Robin, où alle avait bouté son amiquié[8] ; et velà[9] que

65 la pauvre créiature[10] en est devenue jaune comme un coing[11], et n'a point profité tout[12] depuis ce temps-là. C'est un bel exemple pour vous, Monsieu. On n'a que son plaisir en ce monde ; et j'aimerais mieux bailler à ma fille un bon mari qui li fût agriable[13], que toutes les rentes de

70 la Biauce[14].

GÉRONTE – Peste ! Madame la Nourrice, comme vous dégoisez[15] ! Taisez-vous, je vous prie : vous prenez trop de soin[16], et vous échauffez votre lait.

LUCAS (*En disant ceci, il frappe sur la poitrine à Géronte.*)
75 – Morgué ! tais-toi, t'es cune impartinante[17]. Monsieu n'a que faire de tes discours, et il sait ce qu'il a à faire.

---

notes

1. d'avoir les dents longues : d'avoir faim (les dents ne s'usent pas si on ne mange pas).

2. le trépas : la mort.

3. ouï : entendu.

4. contentement passe richesse : le bonheur est plus important que les richesses.

5. les bères : les pères.

6. couteume : coutume.

7. un quarquié de vaigne : un quartier de vigne (le quart d'un arpent de vigne, à peu près 1 000 m²).

8. où alle avait bouté son amiquié : à qui elle avait donné son amour.

9. velà : voilà.

10. créiature : créature.

11. coing : fruit jaune du cognassier dont on fait des gelées et des pâtes ; d'où : « être jaune comme un coing ».

12. n'a point profité tout : ne s'est pas bien portée du tout.

13. agriable : agréable.

14. Biauce : Beauce.

15. vous dégoisez : vous parlez à tort et à travers.

16. vous prenez trop de soin : vous vous inquiétez trop.

17. impartinante : impertinente.

Mêle-toi de donner à téter à ton enfant, sans tant faire la raisonneuse. Monsieu est le père de sa fille, et il est bon et sage pour voir ce qu'il li faut.

80 GÉRONTE – Tout doux ! oh ! tout doux !

LUCAS – Monsieu, je veux un peu la mortifier[1], et li apprendre le respect qu'alle vous doit.

GÉRONTE – Oui ; mais ces gestes ne sont pas nécessaires.

Un arracheur de dents, gravure du XVIIᵉ siècle.

note
_____
1. mortifier : humilier, punir.

Au fil du texte

AVEZ-VOUS BIEN LU ?

1. Où se passe maintenant la scène ?

2. Quels sont les nouveaux personnages ?

3. Qui sont-ils les uns par rapport aux autres ?

4. De qui parle-t-on pendant toute la première partie de la scène ? Après avoir observé la liste des personnages, qu'en déduisez-vous ?

5. Quel personnage Jacqueline évoque-t-elle ?

6. Dans quelle scène et par qui en avons-nous déjà entendu parler ?

7. Deux catégories sociales sont représentées ici. Lesquelles ?

8. Classez chaque personnage dans l'une des deux catégories.

9. Quelles idées opposées sur le mariage Jacqueline et Géronte défendent-ils ?

10. Dans quel « camp » Molière se situe-t-il d'après vous ?

ÉTUDIER LE VOCABULAIRE ET LA GRAMMAIRE

11. Expliquez « *et l'an dirait parfois* [...] *qu'il a quelque petit coup de hache à la tête* ».

12. Comment diriez-vous la même chose aujourd'hui en langage familier ?

13. Trouvez deux phrases équivalentes, l'une en langage courant, l'autre en langage soutenu.

14. Recopiez la phrase suivante en choisissant les mots qui conviennent, puis encadrez la conjonction de coordination.

Jacqueline est une (servante, bourgeoise, demoiselle) mais elle se montre (insolente, gentille, obéissante) avec son maître.

15. Dites si la conjonction que vous avez encadrée marque l'addition ou l'opposition des deux idées.

ÉTUDIER LE DISCOURS

16. Qui a déjà parlé des merveilleuses guérisons de Sganarelle ? à qui ? dans quelles scènes ?

17. Comprenez-vous facilement ce que dit Jacqueline ? Pourquoi ?

18. Quel autre personnage avons-nous déjà entendu s'exprimer de la sorte ?

procédé d'argumentation: **moyen employé dans le discours pour convaincre.**

19. Si Jacqueline s'exprimait dans la langue d'aujourd'hui, quel registre de langue utiliserait-elle ?

20. Quel procédé d'argumentation★, dont elle donne d'ailleurs immédiatement le nom, Jacqueline utilise-t-elle pour convaincre Géronte (lignes 58 à 64) ?

ÉTUDIER L'ÉCRITURE

21. Quel est l'effet produit par le jeu de scène final ?

ÉTUDIER LA PLACE DE LA SCÈNE

22. Quelles répliques annoncent la scène suivante ?

23. Quelle question le spectateur peut-il se poser à la fin de la scène ?

Scène 2

VALÈRE, SGANARELLE,
GÉRONTE, LUCAS, JACQUELINE

VALÈRE – Monsieur, préparez-vous. Voici notre médecin qui entre.

GÉRONTE – Monsieur, je suis ravi de vous voir chez moi, et nous avons grand besoin de vous.

5 SGANARELLE, *en robe de médecin, avec un chapeau des plus pointus.* – Hippocrate[1] dit… que nous nous couvrions tous deux.

GÉRONTE – Hippocrate dit cela ?

SGANARELLE – Oui.

10 GÉRONTE – Dans quel chapitre, s'il vous plaît ?

SGANARELLE – Dans son chapitre des chapeaux.

GÉRONTE – Puisque Hippocrate le dit, il le faut faire.

SGANARELLE – Monsieur le Médecin, ayant appris les merveilleuses choses…

15 GÉRONTE – À qui parlez-vous, de grâce ?

SGANARELLE – À vous.

GÉRONTE – Je ne suis pas médecin.

SGANARELLE – Vous n'êtes pas médecin ?

GÉRONTE – Non, vraiment.

20 SGANARELLE *(Il prend ici un bâton, et le bat comme on l'a battu.)* – Tout de bon ?

GÉRONTE – Tout de bon. Ah ! ah ! ah !

SGANARELLE – Vous êtes médecin maintenant : je n'ai jamais eu d'autres licences[2].

---

notes

1. Hippocrate : célèbre médecin grec du IVe siècle av. J.-C. (citation fantaisiste).

2. licences : autorisations d'exercer la médecine.

25 GÉRONTE – Quel diable d'homme m'avez-vous là amené ?

VALÈRE – Je vous ai bien dit que c'était un médecin gogue-nard[1].

GÉRONTE – Oui ; mais je l'envoirais promener avec ses goguenarderies.

30 LUCAS – Ne prenez pas garde à ça, Monsieur : ce n'est que pour rire.

GÉRONTE – Cette raillerie ne me plaît pas.

SGANARELLE – Monsieur, je vous demande pardon de la liberté que j'ai prise.

35 GÉRONTE – Monsieur, je suis votre serviteur[2].

SGANARELLE – Je suis fâché…

GÉRONTE – Cela n'est rien.

SGANARELLE – Des coups de bâton…

GÉRONTE – Il n'y a pas de mal.

40 SGANARELLE – Que j'ai eu l'honneur de vous donner.

GÉRONTE – Ne parlons plus de cela. Monsieur, j'ai une fille qui est tombée dans une étrange maladie.

SGANARELLE – Je suis ravi, Monsieur, que votre fille ait besoin de moi ; et je souhaiterais de tout mon cœur que vous en
45 eussiez besoin aussi, vous et toute votre famille, pour vous témoigner l'envie que j'ai de vous servir.

GÉRONTE – Je vous suis obligé[3] de ces sentiments.

SGANARELLE – Je vous assure que c'est du meilleur de mon âme que je vous parle.

---

notes

1. goguenard : moqueur, railleur.

2. je suis votre serviteur : formule polie pour terminer l'entretien.

3. je vous suis obligé : je vous suis reconnaissant.

50 GÉRONTE – C'est trop d'honneur que vous me faites.

SGANARELLE – Comment s'appelle votre fille ?

GÉRONTE – Lucinde.

SGANARELLE – Lucinde ! Ah ! beau nom à médicamenter ! Lucinde !

55 GÉRONTE – Je m'en vais voir un peu ce qu'elle fait.

SGANARELLE – Qui est cette grande femme-là ?

GÉRONTE – C'est la nourrice d'un petit enfant que j'ai.

SGANARELLE – Peste ! le joli meuble que voilà ! Ah ! Nourrice, charmante Nourrice, ma médecine est la très 60 humble esclave de votre nourricerie, et je voudrais bien être le petit poupon fortuné[1] qui tétât le lait *(il lui porte la main sur le sein)* de vos bonnes grâces. Tous mes remèdes, toute ma science, toute ma capacité est à votre service, et…

LUCAS – Avec votre parmission[2], Monsieur le Médecin, 65 laissez là ma femme, je vous prie.

SGANARELLE – Quoi ? est-elle votre femme ?

LUCAS – Oui.

SGANARELLE *(Il fait semblant d'embrasser Lucas, et se tournant du côté de la Nourrice, il l'embrasse.)* – Ah ! vraiment, je ne savais 70 pas cela, et je m'en réjouis pour l'amour de l'un et de l'autre.

LUCAS, *en le tirant.* – Tout doucement, s'il vous plaît.

SGANARELLE – Je vous assure que je suis ravi que vous soyez unis ensemble. Je la félicite d'avoir *(il fait encore semblant d'embrasser Lucas, et, passant dessous ses bras, se jette au col de sa*

notes

1. fortuné : chanceux (au XVIIe siècle la fortune ne désigne pas la richesse mais le sort, le destin).

2. parmission : permission.

52

75 *femme)* un mari comme vous ; et je vous félicite, vous, d'avoir une femme si belle, si sage, et si bien faite comme elle est.

LUCAS, *en le tirant encore.* – Eh ! testigué[1] ! point tant de compliment, je vous supplie.

80 SGANARELLE – Ne voulez-vous pas que je me réjouisse avec vous d'un si bel assemblage ?

LUCAS – Avec moi, tant qu'il vous plaira ; mais avec ma femme, trêve de sarimonie[2].

SGANARELLE – Je prends part également au bonheur de tous
85 deux ; et *(il continue le même jeu)* si je vous embrasse pour vous en témoigner ma joie, je l'embrasse de même pour lui en témoigner aussi.

LUCAS, *en le tirant derechef[3].* – Ah ! vartigué[4], Monsieur le Médecin, que de lantiponages[5].

Scène 3

SGANARELLE, GÉRONTE, LUCAS, JACQUELINE

GÉRONTE – Monsieur, voici tout à l'heure ma fille qu'on va vous amener.

SGANARELLE – Je l'attends, Monsieur, avec toute la médecine.

GÉRONTE – Où est-elle ?

5 SGANARELLE, *se touchant le front.* – Là-dedans.

---

notes

1. testigué : déformation de (par) la tête de Dieu.

2. trêve de sarimonie : assez de cérémonie.

3. derechef : de nouveau.

4. vartigué : (juron patois) par la vertu de Dieu.

5. lantiponages : retards.

GÉRONTE – Fort bien.

SGANARELLE, *en voulant toucher les tétons de la Nourrice.* – Mais comme je m'intéresse à toute votre famille, il faut que j'essaye un peu le lait de votre nourrice, et que je visite son sein.

LUCAS, *le tirant, en lui faisant faire la pirouette.* – Nanin[1], nanin ; je n'avons que faire de ça.

SGANARELLE – C'est l'office[2] du médecin de voir les tétons des nourrices.

LUCAS – Il gnia office qui quienne[3], je sis votre sarviteur.

SGANARELLE – As-tu bien la hardiesse de t'opposer au médecin ? Hors de là !

LUCAS – Je me moque de ça.

SGANARELLE, *en le regardant de travers.* – Je te donnerai la fièvre.

JACQUELINE, *prenant Lucas par le bras et lui faisant aussi faire la pirouette.* – Ôte-toi de là aussi ; est-ce que je ne sis pas assez grande pour me défendre moi-même, s'il me fait quelque chose qui ne soit pas à faire ?

LUCAS – Je ne veux pas qu'il te tâte, moi.

SGANARELLE – Fi, le vilain[4], qui est jaloux de sa femme !

GÉRONTE – Voici ma fille.

notes

1. Nanin : nenni, non.
2. l'office : la fonction, le travail.

3. il gnia office qui quienne : il n'y a pas d'office qui tienne.
4. vilain : paysan (par opposition au bourgeois et au noble) puis, par

extension, homme vulgaire et méprisable qui est trop attaché à son bien (ici, sa femme !).

LE MÉDECIN MALGRÉ LUI

Sganarelle « *voulant toucher les tétons de la Nourrice* » **Jacqueline.**

Au fil du texte

Avez-vous bien lu ?

1. Quelle entrée attend-on avec impatience ?

2. L'entrée de Sganarelle à la scène 2 est :
a) timide.   *b)* spectaculaire.
Justifiez votre réponse.

3. Comment s'appelle la fille de Géronte ?

4. Quels mots montrent que Sganarelle utilise son rôle de médecin pour séduire Jacqueline ?

5. Comment réagit Jacqueline ? Qu'en pensez-vous ?

6. Qu'apprend Sganarelle sur Lucas dans la scène 2 ?

7. Comparez les couples Lucas/Jacqueline, Martine/Sganarelle.

8. Quel est le premier mot de Sganarelle dans la scène 2 ? Pourquoi ?

9. Après avoir relu la note concernant Hippocrate, page 50, que pensez-vous de la « citation » de Sganarelle ?

Étudier le discours

10. À qui s'adresse le « *Monsieur* » que prononce Valère ? À qui s'adresse le « *Monsieur* » que prononce Géronte ?

Étudier un genre : la farce

11. En complétant le tableau ci-après, indiquez combien de fois, depuis le début de la pièce, nous avons assisté à des bastonnades.

Acte, scène			
Qui frappe			
Qui est frappé			

12. Pourquoi Sganarelle donne-t-il des coups de bâton à Géronte ?

13. Quelle didascalie justifie votre réponse ?

14. Quel effet ce passage a-t-il sur le spectateur ?

15. Citez une réplique de la scène que vous trouvez comique.

16. Expliquez-la.

ÉTUDIER LA FONCTION DES DEUX SCÈNES

17. Pourquoi peut-on relier les scènes 2 et 3 entre elles comme si elles n'en faisaient qu'une ?

18. Quelle est la dernière réplique ?

19. Vous diriez qu'elle produit :
a) un effet comique ;   *b)* un effet de suspense.

À VOS PLUMES !

20. Rédigez une ou deux questions que le spectateur peut se poser à la fin de la scène 3. Justifiez votre choix en une ou deux phrases.

Scène 4

LUCINDE, VALÈRE, GÉRONTE,
LUCAS, SGANARELLE,
JACQUELINE

SGANARELLE – Est-ce là la malade ?

GÉRONTE – Oui, je n'ai qu'elle de fille ; et j'aurais tous les regrets du monde si elle venait à mourir.

SGANARELLE – Qu'elle s'en garde bien ! il ne faut pas qu'elle
5   meure sans l'ordonnance du médecin.

GÉRONTE – Allons, un siège.

SGANARELLE – Voilà une malade qui n'est pas tant dégoûtante, et je tiens qu'un homme bien sain s'en accommoderait assez.

10 GÉRONTE – Vous l'avez fait rire, Monsieur.

SGANARELLE – Tant mieux : lorsque le médecin fait rire le malade, c'est le meilleur signe du monde. Eh bien ! de quoi est-il question ? qu'avez-vous ? quel est le mal que vous sentez ?

15 LUCINDE *répond par signes, en portant sa main à sa bouche, à sa tête, et sous son menton.* – Han, hi, hom, han.

SGANARELLE – Eh ! que dites-vous ?

LUCINDE *continue les mêmes gestes.* – Han, hi, hom, han, han, hi, hom.

20 SGANARELLE – Quoi ?

LUCINDE – Han, hi, hom.

SGANARELLE, *la contrefaisant*[1]. – Han, hi, hom, han, ha : je ne vous entends point. Quel diable de langage est-ce là ?

---

note

1. la contrefaisant : l'imitant.

GÉRONTE – Monsieur, c'est là sa maladie. Elle est devenue
25   muette, sans que jusques ici on en ait pu savoir la cause ; et
c'est un accident qui a fait reculer son mariage.

SGANARELLE – Et pourquoi ?

GÉRONTE – Celui qu'elle doit épouser veut attendre sa guérison pour conclure les choses.

30   SGANARELLE – Et qui est ce sot-là qui ne veut pas que sa
femme soit muette ? Plût à Dieu que la mienne eût cette
maladie ! je me garderais bien de la vouloir guérir.

GÉRONTE – Enfin, Monsieur, nous vous prions d'employer
tous vos soins pour la soulager de son mal.

35   SGANARELLE – Ah ! ne vous mettez pas en peine. Dites-moi
un peu, ce mal l'oppresse[1]-t-il beaucoup ?

GÉRONTE – Oui, Monsieur.

SGANARELLE – Tant mieux. Sent-elle de grandes douleurs ?

GÉRONTE – Fort grandes.

40   SGANARELLE – C'est fort bien fait. Va-t-elle où vous savez ?

GÉRONTE – Oui.

SGANARELLE – Copieusement ?

Géronte – Je n'entends rien à cela.

SGANARELLE – La matière est-elle louable ?

45   GÉRONTE – Je ne me connais pas à ces choses.

SGANARELLE, *se tournant vers la malade.* – Donnez-moi votre
bras. Voilà un pouls qui marque que votre fille est muette.

GÉRONTE – Eh oui, Monsieur, c'est là son mal ; vous l'avez
trouvé tout du premier coup.

note
───────────────
1. oppresse : gêne pour
respirer.

50 SGANARELLE – Ah ! ah !

JACQUELINE – Voyez comme il a deviné sa maladie !

SGANARELLE – Nous autres grands médecins, nous connaissons d'abord les choses. Un ignorant aurait été embarrassé, et vous eût été dire : « C'est ceci, c'est cela » ; mais moi, je
55 touche au but du premier coup, et je vous apprends que votre fille est muette.

GÉRONTE – Oui ; mais je voudrais bien que vous me puissiez dire d'où cela vient.

SGANARELLE – Il n'est rien de plus aisé : cela vient de ce
60 qu'elle a perdu la parole.

GÉRONTE – Fort bien ; mais la cause, s'il vous plaît, qui fait qu'elle a perdu la parole ?

SGANARELLE – Tous nos meilleurs auteurs vous diront que c'est l'empêchement de l'action de sa langue.

65 GÉRONTE – Mais encore, vos sentiments sur cet empêchement de l'action de sa langue ?

SGANARELLE – Aristote[1], là-dessus, dit… de fort belles choses.

GÉRONTE – Je le crois.

SGANARELLE – Ah ! c'était un grand homme !

70 GÉRONTE – Sans doute.

SGANARELLE, *levant son bras depuis le coude*. – Grand homme tout à fait : un homme qui était plus grand que moi de tout cela. Pour revenir donc à notre raisonnement, je tiens[2] que cet empêchement de l'action de sa langue est causé par
75 de certaines humeurs, qu'entre nous autres savants nous

notes

1. Aristote : célèbre philosophe grec (du IVe siècle av. J.-C.).

2. je tiens : j'affirme, je considère comme sûr.

appelons humeurs peccantes[1] ; peccantes, c'est-à-dire... humeurs peccantes ; d'autant que les vapeurs formées par les exhalaisons[2] des influences qui s'élèvent dans la région des maladies, venant... pour ainsi dire... à... Entendez-

80 vous[3] le latin ?

GÉRONTE – En aucune façon.

SGANARELLE, *se levant avec étonnement*. – Vous n'entendez point le latin !

GÉRONTE – Non.

85 SGANARELLE, *en faisant diverses plaisantes postures*. – *Cabricias arci thuram, catalamus*[4], *singulariter, nominativo haec Musa*, « la Muse », *bonus, bona, bonum, Deus sanctus, estne oratio latinas ? Etiam*, « oui ». *Quare*, « pourquoi » ? *Quia substantivo et adjectivum concordat in generi, numerum, et casus*[4].

90 GÉRONTE – Ah ! que n'ai-je étudié ?

JACQUELINE – L'habile homme que velà !

LUCAS   Oui, ça est si biau, que je n'y entends goutte.

SGANARELLE – Or ces vapeurs dont je vous parle venant à passer, du côté gauche, où est le foie, au côté droit, où est

95 le cœur, il se trouve que le poumon, que nous appelons en latin *armyan*[4], ayant communication avec le cerveau, que nous nommons en grec *nasmus*[4], par le moyen de la veine

---

notes

1. humeurs peccantes : au XVIIe siècle, on admettait selon la théorie de Galien (né en 131) que la santé résultait de l'équilibre des quatre « humeurs » suivantes : le sang, la lymphe, la bile et l'atrabile, ou bile noire.

Quand l'équilibre est rompu à cause d'humeurs « peccantes » (mauvaises), on tombe malade.

2. exhalaisons : gaz, odeurs, vapeurs qui viennent du corps.

3. Entendez-vous : comprenez-vous.

4. Cabricias arci thuram, catalamus [...] et casus [...] armyan [...] nasmus : mots latins inventés ou non par Sganarelle et utilisés de manière fantaisiste.

cave, que nous appelons en hébreu *cubile*[1], rencontre en son chemin lesdites vapeurs, qui remplissent les ventricules de l'omoplate ; et parce que lesdites vapeurs… comprenez bien ce raisonnement, je vous prie ; et parce que lesdites vapeurs ont une certaine malignité[2]… Écoutez bien ceci, je vous conjure.

GÉRONTE – Oui.

SGANARELLE – Ont une certaine malignité, qui est causée… Soyez attentif, s'il vous plaît.

GÉRONTE – Je le suis.

SGANARELLE – Qui est causée par l'âcreté des humeurs engendrées dans la concavité du diaphragme, il arrive que ces vapeurs… *Ossabandus, nequeis, nequer, potarinum, quipsa milus*[3]. Voilà justement ce qui fait que votre fille est muette.

JACQUELINE – Ah ! que ça est bian dit, notte[4] homme !

LUCAS – Que n'ai-je la langue aussi bian pendue ?

GÉRONTE – On ne peut pas mieux raisonner, sans doute. Il n'y a qu'une seule chose qui m'a choqué : c'est l'endroit du foie et du cœur. Il me semble que vous les placez autrement qu'ils ne sont ; que le cœur est du côté gauche, et le foie du côté droit.

SGANARELLE – Oui, cela était autrefois ainsi ; mais nous avons changé tout cela, et nous faisons maintenant la médecine d'une méthode toute nouvelle.

GÉRONTE – C'est ce que je ne savais pas, et je vous demande pardon de mon ignorance.

---

notes

1. cubile : (en latin et non en hébreu) un lit.

2. malignité : effet malin, c'est-à-dire mauvais.

3. Ossabandus […] milus : faux mots latins inventés par Sganarelle.

4. notte : notre.

SGANARELLE – Il n'y a point de mal, et vous n'êtes pas obligé
125   d'être aussi habile que nous.

GÉRONTE – Assurément. Mais, Monsieur, que croyez-vous
qu'il faille faire à cette maladie ?

SGANARELLE – Ce que je crois qu'il faille faire ?

GÉRONTE – Oui.

130   SGANARELLE – Mon avis est qu'on la remette sur son lit, et
qu'on lui fasse prendre pour remède quantité de pain
trempé dans du vin.

GÉRONTE – Pourquoi cela, Monsieur ?

SGANARELLE – Parce qu'il y a dans le vin et le pain, mêlés
135   ensemble, une vertu sympathique[1] qui fait parler. Ne
voyez-vous pas bien qu'on ne donne autre chose aux perroquets, et qu'ils apprennent à parler en mangeant de cela ?

GÉRONTE – Cela est vrai. Ah ! le grand homme ! Vite, quantité de pain et de vin !

140   SGANARELLE – Je reviendrai voir, sur le soir, en quel état elle
sera. *(À la nourrice.)* Doucement, vous. Monsieur, voilà une
nourrice à laquelle il faut que je fasse quelques petits
remèdes.

JACQUELINE – Qui ? moi ? Je me porte le mieux du monde.

145   SGANARELLE – Tant pis, Nourrice, tant pis. Cette grande santé
est à craindre, et il ne sera pas mauvais de vous faire
quelque petite saignée amiable[2], de vous donner quelque
petit clystère dulcifiant[3].

---

notes

1. une vertu sympathique : une propriété qui les rend efficaces (le vin et le pain).

2. saignée amiable : saignée amicale, douce.

3. clystère dulcifiant : lavement adoucissant.

GÉRONTE – Mais, Monsieur, voilà une mode que je ne com-
150 prends point. Pourquoi s'aller faire saigner quand on n'a
point de maladie ?

SGANARELLE – Il n'importe, la mode en est salutaire ; et
comme on boit pour la soif à venir, il faut se faire aussi
saigner pour la maladie à venir.

155 JACQUELINE, *en se retirant.* – Ma fi[1] ! je me moque de ça,
et je ne veux point faire de mon corps une boutique
d'apothicaire[2].

SGANARELLE – Vous êtes rétive[3] aux remèdes ; mais nous
saurons vous soumettre à la raison. *(Parlant à Géronte.)* Je
160 vous donne le bonjour.

GÉRONTE – Attendez un peu, s'il vous plaît.

SGANARELLE – Que voulez-vous faire ?

GÉRONTE – Vous donner de l'argent, Monsieur.

SGANARELLE, *tendant sa main derrière, par-dessous sa robe, tandis*
165 *que Géronte ouvre sa bourse.* – Je n'en prendrai pas, Monsieur.

GÉRONTE – Monsieur…

SGANARELLE – Point du tout.

GÉRONTE – Un petit moment.

SGANARELLE – En aucune façon.

170 GÉRONTE – De grâce !

SGANARELLE – Vous vous moquez.

GÉRONTE – Voilà qui est fait.

SGANARELLE – Je n'en ferai rien.

---

notes

1. Ma fi : ma foi.
2. apothicaire : pharmacien, préparateur des remèdes et infirmier.
3. rétive : qui n'est pas docile, rebelle.

GÉRONTE – Eh !

175 SGANARELLE – Ce n'est pas l'argent qui me fait agir.

GÉRONTE – Je le crois.

SGANARELLE, *après avoir pris l'argent.* – Cela est-il de poids ?

GÉRONTE – Oui, Monsieur.

SGANARELLE – Je ne suis pas un médecin mercenaire[1].

180 GÉRONTE – Je le sais bien.

SGANARELLE – L'intérêt ne me gouverne point[2].

GÉRONTE – Je n'ai pas cette pensée.

V. Deville (Jacqueline), I. Irène (Lucinde) et A. Saint-Père (Sganarelle), Cie Ecla Théâtre, mise en scène de Patrick Bricard (1996).

notes

1. *mercenaire :* qui travaille pour de l'argent (comme les aventuriers).

2. *L'intérêt ne me gouverne point :* ce n'est pas l'argent qui me fait agir.

Au fil du texte

AVEZ-VOUS BIEN LU ?

1. Que sait-on de Lucinde jusqu'à maintenant ?

2. Quelle information nouvelle nous est donnée sur l'intrigue par Géronte ?

3. Pourquoi Sganarelle demande-t-il à Géronte s'il comprend le latin ?

4. Quel trait de caractère de Géronte se confirme dans cette scène ?

5. Que pensez-vous des questions et réponses, du diagnostic et de l'ordonnance du « médecin » Sganarelle ?

6. Quel trait de caractère de Sganarelle se confirme à la fin de la scène ?

7. Quelle est « l'arme » la plus efficace de Sganarelle ?

8. Quels reproches Molière fait-il aux médecins à travers cette scène ?

9. Résumez la situation de cette scène en une phrase.

10. Qu'a-t-elle de particulier ?

11. Relevez la réplique comique qui concerne le vrai Sganarelle et non plus le faux médecin.

ÉTUDIER LA GRAMMAIRE

12. Quels types de phrases sont utilisés dans une consultation médicale :

a) par le médecin ?   *b)* par le malade ?

13. Recopiez un exemple de chaque type pris dans la scène. Repassez en rouge la majuscule et le signe de ponctuation final.

ÉTUDIER UN GENRE : LA FARCE

14. Relevez tous les éléments comiques de la scène et classez-les.

interjection :
mot invariable qui exprime un sentiment ou une attitude.

ÉTUDIER L'ÉCRITURE

15. Recopiez les interjections★ qui traduisent les efforts que fait Lucinde pour parler.

ÉTUDIER UN THÈME : LA MÉDECINE

16. Relevez les répliques invraisemblables qui ne pourraient pas être prononcées par un vrai médecin.

ÉTUDIER LA PLACE ET LA FONCTION DE LA SCÈNE

17. Sganarelle a-t-il réussi sa consultation ? Qu'en déduisez-vous ?

18. Diriez-vous que cette scène est, dans la pièce :
a) très importante ?
b) peu importante ?
Donnez deux raisons qui justifient votre réponse.

À VOS PLUMES !

19. Imaginez un dialogue entre un vrai patient et un vrai médecin. Aidez-vous de vos souvenirs personnels si nécessaire.

20. Rédigez un paragraphe dans lequel vous direz quel est, d'après vous, le rôle d'un médecin et ce que vous et vos parents attendez de lui dans une consultation.

21. Rédigez un petit paragraphe pour « expliquer » dans un « jargon » informatique ou électronique comment fonctionne un appareil qu'il faut mettre en service.

LIRE L'IMAGE

22. À quel moment de la scène correspond, d'après vous, la photo de la page 65 ?

MISE EN SCÈNE

23. Travaillez le personnage de Lucinde. Quelles mimiques, quelles expressions doit-elle prendre ?

Scène 5   SGANARELLE, LÉANDRE

SGANARELLE, *regardant son argent.* – Ma foi ! cela ne va pas mal ; et pourvu que…

LÉANDRE – Monsieur, il y a longtemps que je vous attends, et je viens implorer[1] votre assistance.

5   **SGANARELLE**, *lui prenant le poignet.* – Voilà un pouls qui est fort mauvais.

LÉANDRE – Je ne suis point malade, Monsieur, et ce n'est pas pour cela que je viens à vous.

SGANARELLE – Si vous n'êtes pas malade, que diable ne le
10   dites-vous donc ?

LÉANDRE – Non : pour vous dire la chose en deux mots, je m'appelle Léandre, qui suis amoureux de Lucinde, que vous venez de visiter ; et comme, par la mauvaise humeur de son père, toute sorte d'accès m'est fermé auprès d'elle[2],
15   je me hasarde[3] à vous prier de vouloir servir mon amour, et de me donner lieu d'exécuter un stratagème[4] que j'ai trouvé, pour lui pouvoir dire deux mots, d'où dépendent absolument mon bonheur et ma vie.

SGANARELLE, *paraissant en colère.* – Pour qui me prenez-vous ?
20   Comment oser vous adresser à moi pour vous servir dans votre amour, et vouloir ravaler[5] la dignité de médecin à des emplois de cette nature[6] ?

LÉANDRE – Monsieur, ne faites point de bruit.

---

notes

1. *implorer :* supplier.
2. *toute sorte d'accès m'est fermé auprès d'elle :* on m'interdit absolument de la voir.
3. *hasarde :* risque.
4. *un stratagème :* une ruse.
5. *ravaler :* rabaisser.
6. *à des emplois de cette nature :* à des rôles, des fonctions de cette sorte.

Sganarelle, *en le faisant reculer.* – J'en veux faire, moi. Vous êtes un impertinent.

Léandre – Eh ! Monsieur, doucement.

Sganarelle – Un malavisé[1].

Léandre – De grâce !

Sganarelle – Je vous apprendrai que je ne suis point homme à cela, et que c'est une insolence extrême…

Léandre, *tirant une bourse qu'il lui donne.* – Monsieur…

Sganarelle, *tenant la bourse.* – De vouloir m'employer… Je ne parle pas pour vous, car vous êtes honnête homme, et je serais ravi de vous rendre service ; mais il y a de certains impertinents au monde qui viennent prendre les gens pour ce qu'ils ne sont pas ; et je vous avoue que cela me met en colère.

Léandre – Je vous demande pardon, Monsieur, de la liberté que…

Sganarelle – Vous vous moquez. De quoi est-il question ?

Léandre – Vous saurez donc, Monsieur, que cette maladie que vous voulez guérir est une feinte[2] maladie. Les médecins ont raisonné là-dessus comme il faut ; et ils n'ont pas manqué de dire que cela procédait[3], qui du[4] cerveau, qui des[4] entrailles, qui de la rate, qui du foie ; mais il est certain que l'amour en est la véritable cause, et que Lucinde n'a trouvé cette maladie que pour se délivrer d'un mariage dont elle était importunée. Mais, de crainte qu'on ne nous

---

notes

1. Un malavisé : un étourdi qui parle sans réfléchir et mal à propos.

2. feinte : simulée, fausse.

3. procédait : venait.

4. qui du […] qui des : selon l'un, selon l'autre.

voie ensemble, retirons-nous d'ici, et je vous dirai en marchant ce que je souhaite de vous.

SGANARELLE – Allons, Monsieur, vous m'avez donné pour votre amour une tendresse qui n'est pas concevable ; et j'y perdrai toute ma médecine, ou la malade crèvera, ou bien elle sera à vous.

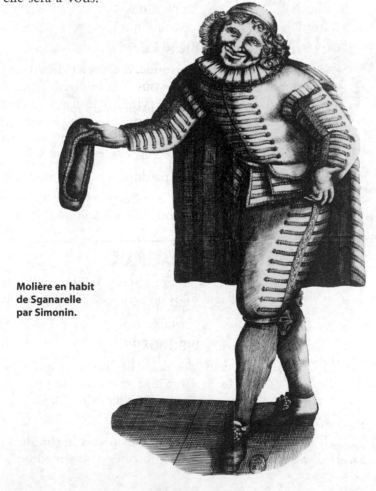

Molière en habit de Sganarelle par Simonin.

Au fil du texte

QUE S'EST-IL PASSÉ ENTRE-TEMPS ?

1. Quelle est la provenance de l'argent que compte Sganarelle ?

AVEZ-VOUS BIEN LU ?

2. Quel nouveau personnage apparaît dans cette scène ?

3. Qui est-il ? Que savons-nous de lui ?

4. Que nous apprend-il sur Lucinde ?

5. Est-ce vraiment une surprise ? Pourquoi ?

6. Que veut-il ?

7. À quoi voyez-vous que Sganarelle est « devenu » un médecin ?

ÉTUDIER LE VOCABULAIRE

8. Expliquez la dernière phrase de Sganarelle. En quoi est-elle une allusion satirique à la médecine ?

ÉTUDIER LE DISCOURS

9. Quel est celui des deux personnages qui est en position de force ? Justifiez votre réponse par l'étude du vocabulaire, des didascalies, de la ponctuation...

10. À partir de quel moment précis le ton de Sganarelle change-t-il ? Justifiez votre réponse.

ÉTUDIER L'ÉCRITURE

11. Quel est le nom du procédé comique utilisé au début de la scène ?

12. Dans quelle autre scène a-t-il déjà été utilisé ?

ÉTUDIER LA PLACE ET LA FONCTION DE LA SCÈNE

13. Quelle question peut se poser le spectateur par rapport à la suite de la pièce ?

14. À la fin de la scène, la situation a évolué de telle façon que nous pouvons répartir les personnages dans deux « camps ». Placez-les en encadrant leur « chef ». (Mettez à part ceux pour lesquels vous ne pouvez pas vous prononcer.)
Lucinde, Lucas, Jacqueline, Sganarelle, Valère, Géronte, Léandre, Horace.

MISE EN SCÈNE

15. Comment montrer, par les déplacements, les attitudes et le ton des deux acteurs, le renversement de situation qui s'opère dans la scène ?

Acte III

Scène 1

SGANARELLE, LÉANDRE

LÉANDRE – Il me semble que je ne suis pas mal ainsi pour un apothicaire ; et comme le père ne m'a guère vu, ce changement d'habit et de perruque est assez capable, je crois, de me déguiser à ses yeux.

5   SGANARELLE – Sans doute[1].

LÉANDRE – Tout ce que je souhaiterais serait de savoir cinq ou six grands mots de médecine, pour parer[2] mon discours et me donner l'air d'habile homme.

SGANARELLE – Allez, allez, tout cela n'est pas nécessaire :
10   il suffit de l'habit, et je n'en sais pas plus que vous.

LÉANDRE – Comment ?

SGANARELLE – Diable emporte[3] si j'entends[4] rien en

notes

1. sans doute : certainement, sans aucun doute.

2. parer : enjoliver, orner.

3. Diable emporte : le diable m'emporte.

4. j'entends : je connais, je comprends.

médecine ! Vous êtes honnête homme[1], et je veux bien me confier à vous, comme vous vous confiez à moi.

15 LÉANDRE – Quoi ? vous n'êtes pas effectivement...

SGANARELLE – Non, vous dis-je : ils m'ont fait médecin malgré mes dents[2]. Je ne m'étais jamais mêlé d'être si savant que cela ; et toutes mes études n'ont été que jusqu'en sixième. Je ne sais point sur quoi cette imagination leur est 20 venue ; mais quand j'ai vu qu'à toute force ils voulaient que je fusse médecin, je me suis résolu de l'être, aux dépens de qui il appartiendra[3]. Cependant vous ne sauriez croire comment l'erreur s'est répandue, et de quelle façon chacun est endiablé[4] à me croire habile homme. On me vient 25 chercher de tous les côtés ; et si les choses vont toujours de même, je suis d'avis de m'en tenir, toute ma vie, à la médecine. Je trouve que c'est le métier le meilleur de tous ; car, soit qu'on fasse bien ou soit qu'on fasse mal, on est toujours payé de même sorte : la méchante besogne ne retombe 30 jamais sur notre dos ; et nous taillons, comme il nous plaît, sur l'étoffe où nous travaillons. Un cordonnier, en faisant des souliers, ne saurait gâter un morceau de cuir qu'il n'en paye les pots cassés[5] ; mais ici l'on peut gâter[6] un homme sans qu'il en coûte rien. Les bévues ne sont point pour 35 nous[7] ; et c'est toujours la faute de celui qui meurt. Enfin le bon de cette profession est qu'il y a parmi les morts une honnêteté[8], une discrétion la plus grande du monde ; et jamais on n'en voit se plaindre du médecin qui l'a tué.

notes

1. honnête homme : qui sait se conduire en société (au sens du XVIIᵉ siècle), discret.

2. malgré mes dents : malgré moi.

3. de qui il appartiendra : de qui le voudra.

4. endiablé : possédé par le diable.

5. qu'il n'en paye les pots cassés : sans qu'il en paie les pots cassés, sans qu'il en paie les conséquences.

6. gâter : abîmer, mal soigner.

7. les bévues ne sont point pour nous : nous ne sommes pas responsables des erreurs.

8. une honnêteté : une politesse.

LÉANDRE – Il est vrai que les morts sont fort honnêtes gens
⁴⁰   sur cette matière.

SGANARELLE, *voyant des hommes qui viennent vers lui.* – Voilà
des gens qui ont la mine de me venir consulter[1]. Allez
toujours m'attendre auprès du logis de votre maîtresse.

Scène 2   THIBAUT, PERRIN, SGANARELLE

THIBAUT – Monsieur, je venons vous charcher[2], mon fils
Perrin et moi.

SGANARELLE – Qu'y a-t-il ?

THIBAUT – Sa pauvre mère, qui a nom Parette, est dans un
⁵   lit, malade, il y a six mois[3].

SGANARELLE, *tendant la main, comme pour recevoir de l'argent.*
– Que voulez-vous que j'y fasse ?

THIBAUT – Je voudrions, Monsieur, que vous nous baillissiez[4]
quelque petite drôlerie pour la garir[5].

¹⁰ SGANARELLE – Il faut voir de quoi est-ce qu'elle est malade.

THIBAUT – Alle[6] est malade d'hypocrisie[7], Monsieur.

SGANARELLE – D'hypocrisie ?

THIBAUT – Oui, c'est-à-dire qu'alle est enflée partout ; et l'an
dit que c'est quantité de sériosités[8] qu'elle a dans le corps,
¹⁵   et que son foie, son ventre, ou sa rate, comme vous voudrais

notes

*1. qui ont la mine de me venir
consulter :* qui ont l'air de
venir me consulter.

2. je venons vous charcher :
je viens vous chercher.

3. il y a six mois : depuis
six mois.

4. que vous nous baillissiez :
que vous nous donniez.

5. garir : guérir.

6. Alle : elle.

7. hypocrisie : Thibaut
confond l'hypocrisie
(le manque de franchise)
avec l'hydropisie, nom ancien

de l'œdème (maladie qui se
traduit par un gonflement
des tissus dû à une infiltration
de sérosités).

8. sériosités : sérosités ; nom
donné à certains liquides
organiques.

La femme hydropique,
gravure de Jean-Baptiste Fosseyeux
d'après une peinture de Gérard Dou.

l'appeler, au glieu[1] de faire du sang, ne fait plus que de l'iau[2]. Alle a, de deux jours l'un[3], la fièvre quotiguenne[4], avec des lassitudes et des douleurs dans les mufles[5] des jambes. On entend dans sa gorge des fleumes[6] qui sont tout
20 prêts à l'étouffer ; et parfois il lui prend des syncoles[7] et des conversions[8], que je crayons qu'alle est passée[9]. J'avons dans notte village un apothicaire, révérence parler[10], qui li a donné je ne sai combien d'histoires ; et il m'en coûte plus d'eune douzaine de bons écus[11] en lavements, ne v's en
25 déplaise, en apostumes[12] qu'on li a fait prendre, en infec-tions de jacinthe[13], et en portions cordales[14]. Mais tout ça, comme dit l'autre, n'a été que de l'onguent miton mitaine[15]. Il velait li bailler[16] d'eune certaine drogue que l'on appelle du vin amétile[17] ; mais j'ai-s-eu peur, franchement, que ça
30 l'envoyît *a patres*[18] ; et l'an dit que ces gros médecins tuont je ne sais combien de monde avec cette invention-là.

SGANARELLE, *tendant toujours la main en la branlant*[19]*, comme pour signe qu'il demande de l'argent.* — Venons au fait, mon ami, venons au fait.

35 THIBAUT — Le fait est, Monsieu, que je venons vous prier de nous dire ce qu'il faut que je fassions.

notes

1. *au glieu :* au lieu.

2. *l'iau :* l'eau.

3. *de deux jours l'un :* un jour sur deux.

4. *quotiguenne :* quotidienne.

5. *mufles :* muscles.

6. *fleumes :* flegmes ; glaires, mucosités qui encombrent la gorge.

7. *syncoles :* syncopes.

8. *conversions :* convulsions.

9. *que je crayons qu'alle est passée :* que je crois qu'elle est morte (tré-passée).

10. *révérence parler :* formule d'excuse.

11. *écus :* pièces d'argent de trois livres.

12. *apostumes :* abcès ; Thibaut confond avec le mot *apozèmes :* tisanes.

13. *infections de jacinthe :* Thibaut confond avec infusions.

14. *portions cordales :* potions cordiales (pour le cœur).

15. *l'onguent miton mitaine :* pommade sans danger et sans efficacité.

16. *Il velait li bailler :* il voulait lui donner.

17. *vin amétile :* vin additionné d'un médicament pour faire vomir (remède courant à l'époque).

18. *que ça l'envoyît a patres :* qu'on l'envoyât chez ses pères morts, dans l'au-delà.

19. *branlant :* remuant.

Un seigneur et ses fermiers sous Louis XIV, gravure de J.-B. Bonnart.

SGANARELLE – Je ne vous entends point du tout.

PERRIN – Monsieur, ma mère est malade ; et velà deux écus que je vous apportons pour nous bailler queuque remède[1].

40 **SGANARELLE** – Ah ! je vous entends, vous. Voilà un garçon qui parle clairement, qui s'explique comme il faut. Vous dites que votre mère est malade d'hydropisie, qu'elle est enflée par tout le corps, qu'elle a la fièvre, avec des douleurs dans les jambes, et qu'il lui prend parfois des syncopes et des 45 convulsions, c'est-à-dire des évanouissements ?

PERRIN – Eh ! oui, Monsieur, c'est justement ça.

SGANARELLE – J'ai compris d'abord vos paroles. Vous avez un père qui ne sait ce qu'il dit. Maintenant vous me demandez un remède ?

50 **PERRIN** – Oui, Monsieur.

SGANARELLE – Un remède pour la guérir ?

PERRIN – C'est comme je l'entendons.

SGANARELLE – Tenez, voilà un morceau de formage[2] qu'il faut que vous lui fassiez prendre.

55 **PERRIN** – Du fromage, Monsieur ?

SGANARELLE – Oui, c'est un formage préparé, où il entre de l'or, du corail et des perles, et quantité d'autres choses précieuses.

PERRIN – Monsieur, je vous sommes bien obligés ; et j'allons 60 li faire prendre ça tout à l'heure[3].

SGANARELLE – Allez. Si elle meurt, ne manquez pas de la faire enterrer du mieux que vous pourrez.

---

notes

1. queuque remède : quelque remède.

2. formage : prononciation correcte pour l'époque (fromage est alors la forme populaire).

3. tout à l'heure : tout de suite.

Au fil du texte

QUE S'EST-IL PASSÉ ENTRE-TEMPS ?

1. Que s'est-il passé entre l'acte II et l'acte III ?

AVEZ-VOUS BIEN LU ?

2. Où se passe l'action ?

3. Quelle confidence Sganarelle fait-il à Léandre ? Pourquoi ?

4. Quels nouveaux personnages apparaissent à la scène 2 ?

5. Expliquez la réplique : « *Ah ! je vous entends, vous. Voilà un garçon qui parle clairement, qui s'explique comme il faut* » (scène 2, l. 40-41).

ÉTUDIER LE VOCABULAIRE

6. Relevez dans les tirades de Thibaut et de Sganarelle deux couples de mots confondus par Thibaut et employez-les dans deux phrases différentes. Ex. : hypocrisie et hydropisie.

ÉTUDIER UN GENRE : LE THÉÂTRE

7. Dans une pièce de théâtre, on appelle « coup de théâtre » un événement inattendu qui crée un effet de surprise.
Quel élément de la scène 1 représente un coup de théâtre pour Léandre ?

8. Quel autre élément représente un coup de théâtre pour le spectateur ?

ÉTUDIER UN GENRE : LA FARCE

9. Recopiez la phrase suivante en utilisant le mot qui convient.
Au théâtre, dans une farce, un des procédés couramment utilisés pour faire rire le public est (la confidence / le déguisement).

ÉTUDIER UN THÈME : LA MÉDECINE

10. Dans sa longue tirade de la scène 1, Sganarelle dit pourquoi il aime « son » métier de médecin. Que pensez-vous des « avantages » qu'il cite ?

11. Que pensez-vous de la « consultation » donnée par Sganarelle ?
Comparez-la avec celle de la scène 4 de l'acte II.

12. Que pensez-vous de la dernière réplique de la scène 2 ?

13. Diriez-vous que, par l'intermédiaire de Sganarelle, Molière :
a) fait l'éloge de la médecine ?
b) fait une satire de la médecine ?

14. Quel nouveau et grave reproche Molière fait-il aux médecins par l'intermédiaire de ces deux scènes ?

ÉTUDIER LA FONCTION DES DEUX SCÈNES

15. Quelle est, de ces deux scènes, la plus importante ? Justifiez votre réponse.

LIRE L'IMAGE

16. Décrivez le costume des personnages représentés dans la gravure, page 79.

costume des paysans	costume du seigneur
....	....
....	....
....	....
....	....
....	....
....	....
....	....

MISE EN SCÈNE

17. Si vous étiez metteur en scène, quels conseils donneriez-vous aux acteurs pour que soit bien mis en évidence le contraste entre l'assurance de Sganarelle et la gaucherie de Thibaut et Perrin ?

Scène 3

JACQUELINE, SGANARELLE,
LUCAS

SGANARELLE – Voici la belle Nourrice. Ah ! Nourrice de mon cœur, je suis ravi de cette rencontre, et votre vue est la rhubarbe, la casse et le séné[1] qui purgent toute la mélancolie de mon âme.

5 **JACQUELINE** – Par ma figué[2] ! Monsieur le Médecin, ça est trop bian dit pour moi, et je n'entends rien à tout votte latin.

SGANARELLE – Devenez malade, Nourrice, je vous prie ; devenez malade, pour l'amour de moi : j'aurais toutes les joies du monde de vous guérir.

10 **JACQUELINE** – Je sis votte sarvante : j'aime bian mieux qu'an ne me guérisse pas.

SGANARELLE – Que je vous plains, belle Nourrice, d'avoir un mari jaloux et fâcheux[3] comme celui que vous avez !

JACQUELINE – Que velez-vous, Monsieu ? c'est pour la 15 pénitence de mes fautes ; et là où la chèvre est liée, il faut bian qu'alle y broute.

SGANARELLE – Comment ? un rustre[4] comme cela ! un homme qui vous observe toujours, et ne veut pas que personne vous parle !

20 **JACQUELINE** – Hélas ! vous n'avez rien vu encore, et ce n'est qu'un petit échantillon de sa mauvaise humeur.

SGANARELLE – Est-il possible ? et qu'un homme ait l'âme assez basse pour maltraiter une personne comme vous ? Ah ! que j'en sais[5], belle Nourrice, et qui ne sont pas loin

---

notes

1. la rhubarbe, la casse et le séné : trois plantes purgatives très utilisées à l'époque de Molière.

2. Par ma figué : par ma figure.

3. fâcheux : gênant, désagréable.

4. un rustre : un homme grossier.

5. j'en sais : j'en connais.

Mlle Bretty (Jacqueline), M. Dux (Lucas)
et M. Buinot (Sganarelle), mise en scène
de Jean Meyer, Comédie-Française (1936).

25 d'ici, qui se tiendraient heureux de baiser seulement les
petits bouts de vos petons[1] ! Pourquoi faut-il qu'une personne si bien faite soit tombée en de telles mains, et qu'un
franc animal, un brutal, un stupide, un sot… ? Pardonnez-
moi, Nourrice, si je parle ainsi de votre mari.

30 JACQUELINE – Eh ! Monsieu, je sais bian qu'il mérite tous ces
noms-là.

SGANARELLE – Oui, sans doute, Nourrice, il les mérite ; et il
mériterait encore que vous lui missiez quelque chose sur la
tête[2], pour le punir des soupçons qu'il a.

35 JACQUELINE – Il est bian vrai que si je n'avais devant les yeux
que son intérêt, il pourrait m'obliger à queuque étrange
chose[3].

SGANARELLE – Ma foi ! vous ne feriez pas mal de vous venger de lui avec quelqu'un. C'est un homme, je vous le dis,
40 qui mérite bien cela ; si j'étais assez heureux, belle
Nourrice, pour être choisi pour…

*(En cet endroit, tous deux apercevant Lucas qui était derrière eux
et entendait leur dialogue, chacun se retire de son côté, mais le
Médecin d'une manière fort plaisante.)*

Scène 4   GÉRONTE, LUCAS

GÉRONTE – Holà ! Lucas, n'as-tu point vu ici notre médecin ?

LUCAS – Et oui, de par tous les diantres[4], je l'ai vu, et ma
femme aussi.

notes

1. *vos petons :* vos petits pieds.
2. *quelque chose sur la tête :* une corne (comme aux

maris trompés).
3. *queuque étrange chose :* quelque étrange chose.

4. *par tous les diantres :* par tous les diables.

Jacqueline, Sganarelle et Lucas, Compagnie Connaissance des Classiques, mise en scène de Christian Grau-Stef (1977).

GÉRONTE – Où est-ce donc qu'il peut être ?

5 LUCAS – Je ne sais ; mais je voudrais qu'il fût à tous les guèbles[1].

GÉRONTE – Va-t'en voir un peu ce que fait ma fille.

Scène 5

SGANARELLE, LÉANDRE, GÉRONTE

GÉRONTE – Ah ! Monsieur, je demandais où vous étiez.

SGANARELLE – Je m'étais amusé dans votre cour à expulser le superflu de la boisson. Comment se porte la malade ?

GÉRONTE – Un peu plus mal depuis votre remède.

5 SGANARELLE – Tant mieux : c'est signe qu'il opère.

GÉRONTE – Oui ; mais, en opérant, je crains qu'il ne l'étouffe.

SGANARELLE – Ne vous mettez pas en peine ; j'ai des remèdes qui se moquent de tout, et je l'attends à l'agonie.

GÉRONTE – Qui est cet homme-là que vous amenez ?

10 SGANARELLE, *faisant des signes avec la main que c'est un apothicaire*[2]. – C'est…

GÉRONTE – Quoi ?

SGANARELLE – Celui…

GÉRONTE – Eh ?

15 SGANARELLE – Qui…

GÉRONTE – Je vous entends.

SGANARELLE – Votre fille en aura besoin.

notes

1. à tous les guèbles : à tous les diables.

2. faisant des signes avec la main que c'est un apothicaire : faisant le geste de donner un lavement (les apothicaires les administraient eux-mêmes).

Au fil du texte

QUE S'EST-IL PASSÉ ENTRE-TEMPS ?

1. L'action se passe-t-elle dans le même lieu que la scène précédente ? Précisez.

AVEZ-VOUS BIEN LU ?

2. Que fait Sganarelle au début de la scène 3 ?

3. Dans quelle scène avait-il fait la même tentative ?

4. S'y prend-il de la même façon ?

5. Quelle est maintenant sa stratégie ?

6. Recopiez la partie de la didascalie qui clôt la scène 3 et qui vous semble importante pour la suite de l'action.

7. Que pensez-vous des deux répliques de Sganarelle dans la scène 5, lignes 5, 7 et 8 ?

ÉTUDIER LE VOCABULAIRE

8. Expliquez la réplique de Sganarelle dans la scène 5 : « *Je m'étais amusé [...] à expulser le superflu de la boisson.* » À quel registre de langue appartient-elle ?

ÉTUDIER LE DISCOURS

9. Quel langage utilise Sganarelle pour séduire Jacqueline dans la scène 3 ?

10. A-t-il du succès ?

11. À quel autre type de langage fait-il alors appel ?

ÉTUDIER L'ÉCRITURE

12. D'après vous, lequel de ces deux mots qualifie le mieux la réplique de la question 8 ?
a) Réaliste.   *b)* Poétique.
(Cherchez dans le dictionnaire, si nécessaire, le mot « réaliste ».)

ÉTUDIER UN THÈME : LA VENGEANCE

13. Quel mot employé par Sganarelle, dans la dernière réplique de la scène 3, nous rappelle Martine et le début de la pièce ?

14. Comparez Martine et Jacqueline. En quoi leur sort est-il commun ?

15. Après avoir relu la question 6, complétez la phrase suivante :

Le spectateur peut maintenant penser que c'est plutôt

.... qui va chercher à se .... de

.... D'ailleurs la réplique « .... »

de la scène 4 semble bien le confirmer.

ÉTUDIER LA PLACE ET LA FONCTION DES SCÈNES 4 ET 5

16. Quelle est l'importance de la scène 4 pour l'action ?
Relisez la question 6 pour vous aider à répondre.

17. Quel sens peut-on donner à la dernière réplique de la scène 5 : « *Votre fille en aura besoin* », pour Géronte ? pour le spectateur ?

À VOS PLUMES !

18. Rédigez un petit paragraphe dans lequel vous expliquerez comment vous vous y prendriez pour faire une déclaration d'amour.

LIRE L'IMAGE

19. Commentez l'expression des visages de Sganarelle et de Jacqueline sur les photos pages 85 et 87.

20. Quelles autres remarques pouvez-vous faire à propos de ces deux images (costumes, attitudes, position des personnages) ?

MISE EN SCÈNE

21. Comment interpréteriez-vous les didascalies de la fin de la scène 3 : « *le Médecin d'une manière fort plaisante* », et de la scène 5 : « *faisant des signes* [...] *que c'est un apothicaire* » ?

Scène 6

JACQUELINE, LUCINDE,
GÉRONTE, LÉANDRE,
SGANARELLE

JACQUELINE – Monsieur, velà votre fille qui veut un peu marcher.

SGANARELLE – Cela lui fera du bien. Allez-vous-en, Monsieur l'Apothicaire, tâter un peu son pouls, afin que je raisonne tantôt avec vous de sa maladie.

5   *En cet endroit, il tire Géronte à un bout du théâtre, et, lui passant un bras sur les épaules, lui rabat la main sous le menton, avec laquelle il le fait retourner vers lui, lorsqu'il veut regarder ce que sa fille et l'apothicaire font ensemble, lui tenant cependant le discours suivant pour l'amuser[1] :*

10   Monsieur, c'est une grande et subtile question entre les doctes[2], de savoir si les femmes sont plus faciles à guérir que les hommes. Je vous prie d'écouter ceci, s'il vous plaît. Les uns disent que non, les autres disent que oui ; et moi je dis que oui et non : d'autant que l'incongruité[3] des

15   humeurs[4] opaques qui se rencontrent au tempérament[5] naturel des femmes étant cause que la partie brutale[6] veut toujours prendre empire sur la sensitive[7], on voit que l'in-égalité de leurs opinions dépend du mouvement oblique du cercle de la lune ; et comme le soleil, qui darde[8] ses

20   rayons sur la concavité[9] de la terre, trouve…

notes

1. pour l'amuser : pour l'occuper.

2. les doctes : les savants.

3. incongruité : caractère de ce qui n'est pas convenable.

4. humeurs : substances liquides.

5. au tempérament : dans le tempérament.

6. la partie brutale : la partie animale.

7. la sensitive : la partie élevée, sensible, spirituelle.

8. darde : lance.

9. concavité : partie creuse.

LUCINDE – Non, je ne suis point du tout capable de changer de sentiments.

GÉRONTE – Voilà ma fille qui parle ! Ô grande vertu du remède ! Ô admirable médecin ! Que je vous suis obligé, Monsieur, de cette guérison merveilleuse ! et que puis-je faire pour vous après un tel service ?

SGANARELLE, *se promenant sur le théâtre, et s'essuyant le front.* – Voilà une maladie qui m'a bien donné de la peine !

LUCINDE – Oui, mon père, j'ai recouvré la parole ; mais je l'ai recouvrée pour vous dire que je n'aurai jamais d'autre époux que Léandre, et que c'est inutilement que vous voulez me donner Horace.

GÉRONTE – Mais…

LUCINDE – Rien n'est capable d'ébranler la résolution que j'ai prise.

GÉRONTE – Quoi… ?

LUCINDE – Vous m'opposerez en vain de belles raisons.

GÉRONTE – Si…

LUCINDE – Tous vos discours ne serviront de rien.

GÉRONTE – Je…

LUCINDE – C'est une chose où je suis déterminée.

GÉRONTE – Mais…

LUCINDE – Il n'est puissance paternelle qui me puisse obliger à me marier malgré moi.

GÉRONTE – J'ai…

LUCINDE – Vous avez beau faire tous vos efforts.

GÉRONTE – Il…

LUCINDE – Mon cœur ne saurait se soumettre à cette tyrannie.

GÉRONTE – Là…

50 LUCINDE – Et je me jetterai plutôt dans un convent[1] que d'épouser un homme que je n'aime point.

GÉRONTE – Mais…

LUCINDE, *parlant d'un ton de voix à étourdir.* – Non. En aucune façon. Point d'affaire[2]. Vous perdez le temps. Je n'en ferai
55 rien. Cela est résolu.

GÉRONTE – Ah ! quelle impétuosité de paroles ! Il n'y a pas moyen d'y résister. Monsieur, je vous prie de la faire redevenir muette.

SGANARELLE – C'est une chose qui m'est impossible. Tout ce
60 que je puis faire pour votre service est de vous rendre sourd, si vous voulez.

GÉRONTE – Je vous remercie. Penses-tu donc…

LUCINDE – Non. Toutes vos raisons ne gagneront rien sur mon âme.

65 GÉRONTE – Tu épouseras Horace, dès ce soir.

LUCINDE – J'épouserai plutôt la mort.

SGANARELLE – Mon Dieu ! arrêtez-vous, laissez-moi médicamenter cette affaire. C'est une maladie qui la tient, et je sais le remède qu'il y faut apporter.

70 GÉRONTE – Serait-il possible, Monsieur, que vous pussiez aussi guérir cette maladie d'esprit ?

SGANARELLE – Oui : laissez-moi faire, j'ai des remèdes pour tout, et notre apothicaire nous servira pour cette cure. *(Il appelle l'Apothicaire et lui parle.)* Un mot. Vous voyez que

75 l'ardeur qu'elle a pour ce Léandre est tout à fait contraire
aux volontés du père, qu'il n'y a point de temps à perdre,
que les humeurs sont fort aigries, et qu'il est nécessaire de
trouver promptement un remède à ce mal, qui pourrait
empirer par le retardement. Pour moi, je n'y en vois qu'un
80 seul, qui est une prise de fuite purgative, que vous mêlerez
comme il faut avec deux drachmes[1] de matrimonium[2] en
pilules. Peut-être fera-t-elle quelque difficulté à prendre ce
remède ; mais, comme vous êtes habile homme dans votre
métier, c'est à vous de l'y résoudre, et de lui faire avaler
85 la chose du mieux que vous pourrez. Allez-vous-en lui
faire faire un petit tour de jardin, afin de préparer les
humeurs, tandis que j'entretiendrai ici son père ; mais surtout ne perdez point de temps : au remède, vite, au remède
spécifique[3] !

notes

1. drachmes : mesure grecque. Unité de poids et de monnaie (en pharmacie la huitième partie de l'once : 3,24 g).

2. matrimonium : mariage (en latin).

3. spécifique : approprié, adapté.

Au fil du texte

AVEZ-VOUS BIEN LU ?

1. Quels personnages viennent d'arriver sur la scène ?

2. Par quelle réplique Molière justifie-t-il cette entrée ?

3. Quels personnages voyons-nous réunis sur scène pour la première fois ? Pourquoi est-ce la première fois ?

4. Quel stratagème a permis cette rencontre ?

5. Sganarelle tient-il la promesse qu'il avait faite à Léandre de l'aider ? Est-il efficace ? Justifiez votre réponse.

ÉTUDIER LE VOCABULAIRE

6. Relevez le champ lexical de la médecine.

7. Qu'est-ce qu'un « apothicaire » ?

ÉTUDIER LE DISCOURS

8. La dernière tirade de Sganarelle a une double signification. Expliquez-la :

a) en fonction de ce que doit comprendre Géronte ;

b) en fonction de ce que doivent comprendre les spectateurs, Léandre et Lucinde.

9. Quelles remarques pouvez-vous faire sur la parole que Molière accorde à Sganarelle dans cette scène (place, volume...) ? Qu'en déduisez-vous ?

ÉTUDIER UN GENRE : LE THÉÂTRE

10. Quelle est l'utilité de la longue didascalie des lignes 5 à 9 ?

11. Quel coup de théâtre se produit dans cette scène ?

ÉTUDIER L'ÉCRITURE

12. Relevez un exemple d'apostrophe★ dans les répliques de Géronte. Quel est l'effet produit ?

13. Comment Géronte s'exprime-t-il quand il essaie de répondre à Lucinde ?
a) Par des phrases.
b) Par des expressions plus ou moins longues.
c) Par des monosyllabes.

ÉTUDIER LE PROCÉDÉ COMIQUE

14. Pourquoi le personnage de Lucinde était-il comique dans la scène 4 de l'acte II ?

15. Pourquoi l'est-il maintenant dans la scène 6 de l'acte III ? Aidez-vous pour répondre de la didascalie de la ligne 53.

À VOS PLUMES !

16. Écrivez un petit dialogue dans lequel vous montrerez les vaines tentatives que fait un personnage pour essayer de prendre la parole. Vous rédigerez une phrase d'introduction qui précisera la situation de communication (où ? quand ? qui parle ? à qui ? pourquoi ?).

MISE EN SCÈNE

17. Jacqueline ne dit qu'une réplique au début de la scène. Où et comment la feriez-vous se tenir tout au long de la scène (attitudes, expressions, gestes, déplacements éventuels) ?

apostrophe : **procédé de style par lequel on invoque ou on interpelle avec admiration, étonnement, douleur ou surprise une personne, une chose ou un élément personnifié. Ex. : « *Ô temps, suspends ton vol !* » (« Le lac », Lamartine).**

Scène 7   GÉRONTE, SGANARELLE

GÉRONTE – Quelles drogues, Monsieur, sont celles que vous venez de dire ? il me semble que je ne les ai jamais ouï[1] nommer.

SGANARELLE – Ce sont drogues dont on se sert dans les nécessités urgentes.

GÉRONTE – Avez-vous jamais vu une insolence pareille à la sienne ?

SGANARELLE – Les filles sont quelquefois un peu têtues.

GÉRONTE – Vous ne sauriez croire comme elle est affolée[2] de ce Léandre.

SGANARELLE – La chaleur du sang fait cela dans les jeunes esprits.

GÉRONTE – Pour moi, dès que j'ai eu découvert la violence de cet amour, j'ai su tenir toujours ma fille renfermée.

SGANARELLE – Vous avez fait sagement.

GÉRONTE – Et j'ai bien empêché qu'ils n'aient eu communication ensemble.

SGANARELLE – Fort bien.

GÉRONTE – Il serait arrivé quelque folie, si j'avais souffert[3] qu'ils se fussent vus.

SGANARELLE – Sans doute.

GÉRONTE – Et je crois qu'elle aurait été fille à s'en aller avec lui.

---

notes

1. ouï : entendu.

2. affolée : follement amoureuse.

3. souffert : accepté, admis.

Sganarelle – C'est prudemment raisonné.

25 Géronte – On m'avertit qu'il fait tous ses efforts pour lui parler.

Sganarelle – Quel drôle[1].

Géronte – Mais il perdra son temps.

Sganarelle – Ah ! ah !

30 Géronte – Et j'empêcherai bien qu'il ne la voie.

Sganarelle – Il n'a pas affaire à un sot, et vous savez des rubriques[2] qu'il ne sait pas. Plus fin que vous n'est pas bête.

Scène 8   Lucas, Géronte, Sganarelle

Lucas – Ah ! palsanguenne, Monsieur, vaici bian[3] du tinta-marre : votte fille s'en est enfuie avec son Liandre[4]. C'était lui qui était l'Apothicaire ; et velà Monsieur le Médecin qui a fait cette belle opération-là.

5 Géronte – Comment ? m'assassiner de la façon ! Allons, un commissaire ! et qu'on empêche qu'il ne sorte. Ah, traître ! je vous ferai punir par la justice.

Lucas – Ah ! par ma fi ! Monsieur le Médecin, vous serez pendu : ne bougez de là seulement.

---

notes

1. **drôle :** coquin.
2. **rubriques :** ruses.
3. **vaici bian :** voici bien.
4. **Liandre :** Léandre.

Scène 9 MARTINE, SGANARELLE, LUCAS

MARTINE – Ah ! mon Dieu ! que j'ai eu de peine à trouver ce logis ! Dites-moi un peu des nouvelles du médecin que je vous ai donné.

LUCAS – Le velà, qui va être pendu.

5 **MARTINE** – Quoi ? mon mari pendu ! Hélas ! et qu'a-t-il fait pour cela ?

LUCAS – Il a fait enlever la fille de notte maître.

MARTINE – Hélas ! mon cher mari, est-il bien vrai qu'on te va pendre ?

10 **SGANARELLE** – Tu vois. Ah !

MARTINE – Faut-il que tu te laisses mourir en présence de tant de gens ?

SGANARELLE – Que veux-tu que j'y fasse ?

MARTINE – Encore si tu avais achevé de couper notre bois,
15 je prendrais quelque consolation.

SGANARELLE – Retire-toi de là, tu me fends le cœur.

MARTINE – Non, je veux demeurer pour t'encourager à la mort, et je ne te quitterai point que je ne t'aie vu pendu.

SGANARELLE – Ah !

Scène 10 GÉRONTE, SGANARELLE, MARTINE, LUCAS

GÉRONTE – Le Commissaire viendra bientôt, et l'on s'en va vous mettre en lieu où l'on me répondra de vous.

SGANARELLE, *le chapeau à la main.* – Hélas ! cela ne se peut-il point changer en quelques coups de bâton ?

5 **GÉRONTE** – Non, non : la justice en ordonnera… Mais que vois-je ?

Au fil du texte

QUE S'EST-IL PASSÉ ENTRE-TEMPS ?

1. Que s'est-il passé entre les scènes 7 et 8 ?

AVEZ-VOUS BIEN LU ?

2. Qui donne l'alarme à Géronte à la scène 8 ?
Pourquoi ?

3. Donnez trois adjectifs pour caractériser Géronte.

4. Quels sentiments respectifs Lucas et Géronte
éprouvent-ils à la scène 8 ?

5. Quel sort est réservé à Sganarelle ?

6. Quelle est la réaction de celui-ci ?

7. Quel personnage retrouve-t-on à la scène 9 ?

8. Quels sont les deux personnages à s'être vengés
de Sganarelle ?

9. Que pensez-vous de la dernière réplique de
Martine dans la scène 9 ?

ÉTUDIER LE DISCOURS

10. Que remarquez-vous concernant le personnage
de Sganarelle à la scène 8 ?

11. Étudiez les marques de l'énonciation (temps,
modes, pronoms, types des phrases) dans la réplique
de Géronte dans la scène 8.

12. Quelle conclusion tirez-vous de cette observation ?

ÉTUDIER UN GENRE : LA FARCE

13. Que deviendrait la farce si la pièce s'arrêtait à la fin de la scène 8 ?

a) Un roman.

b) Une tragédie.

c) Une comédie.

d) Une poésie.

Pourquoi ?

ÉTUDIER LA PLACE DE LA SCÈNE

14. Quelle transformation brutale subit la situation de Sganarelle entre la scène 7 et la scène 9 ?

À VOS PLUMES !

15. Imaginez le procès de Sganarelle. Composez des équipes de trois. Répartissez-vous les rôles :

– *Géronte : le plaignant qui requiert la pendaison ;*

– *Sganarelle : la victime qui plaide sa cause ;*

– *le juge qui rend la sentence.*

Vous écrirez une petite scène dans laquelle chacun des personnages argumentera en fonction de son rôle et vous la jouerez à vos camarades.

Scène 11 et dernière

LÉANDRE, LUCINDE,
JACQUELINE, LUCAS, GÉRONTE,
SGANARELLE, MARTINE

LÉANDRE – Monsieur, je viens faire paraître Léandre à vos yeux, et remettre Lucinde en votre pouvoir. Nous avons eu dessein[1] de prendre la fuite nous deux, et de nous aller marier ensemble ; mais cette entreprise a fait place à un
5 procédé plus honnête. Je ne prétends point vous voler votre fille, et ce n'est que de votre main que je veux la recevoir. Ce que je vous dirai, Monsieur, c'est que je viens tout à l'heure[2] de recevoir des lettres par où j'apprends que mon oncle est mort, et que je suis héritier de tous ses biens.

10 GÉRONTE – Monsieur, votre vertu[3] m'est tout à fait considérable, et je vous donne ma fille avec la plus grande joie du monde.

SGANARELLE – La médecine l'a échappé belle !

MARTINE – Puisque tu ne seras point pendu, rends-moi
15 grâce d'être médecin ; car c'est moi qui t'ai procuré cet honneur.

SGANARELLE – Oui, c'est toi qui m'as procuré je ne sais combien de coups de bâton.

LÉANDRE – L'effet[4] en est trop beau, pour en garder du
20 ressentiment[5].

SGANARELLE – Soit : je te pardonne ces coups de bâton en faveur de la dignité où tu m'as élevé ; mais prépare-toi désormais à vivre dans un grand respect avec un homme de ma conséquence[6], et songe que la colère d'un médecin
25 est plus à craindre qu'on ne peut croire.

notes

1. **dessein :** l'intention.
2. **tout à l'heure :** à l'instant.
3. **vertu :** mérite, valeur.
4. **l'effet :** la conséquence, le résultat.
5. **ressentiment :** rancune.
6. **conséquence :** importance.

Au fil du texte

AVEZ-VOUS BIEN LU ?

1. Pourquoi Géronte ne s'oppose-t-il plus au projet de Lucinde et de Léandre ?

2. Comment se termine la pièce pour le jeune couple ; pour le couple Sganarelle/Martine ?

3. Que pensez-vous de cette fin ?

4. Cette scène vous paraît-elle vraisemblable* ?

vraisemblable : qui a l'apparence du vrai.

ÉTUDIER UN GENRE : LE THÉÂTRE

5. Quels personnages sont rassemblés sur scène ?

6. Combien sont-ils ?

7. Pourquoi sont-ils aussi nombreux ?

8. Classez-les en deux colonnes : ceux qui restent muets, ceux qui parlent.

9. Quel coup de théâtre retourne la situation ?

10. Au théâtre, la résolution de l'intrigue se nomme :
a) nœud de l'action ;   *b)* dénouement ;
c) coup de théâtre ;   *d)* scène d'exposition.

À VOS PLUMES !

11. Imaginez un autre dénouement à la pièce sous la forme d'un petit récit qui commencera par :
Quand Géronte apprit que Sganarelle l'avait berné il jura de le faire pendre. Martine arriva sur ces entrefaites et…

12. Pensez-vous que Sganarelle aura changé après cette mésaventure ?

Rédigez un texte de quelques lignes qui justifiera votre réponse. Vous utiliserez au moins une des répliques que Sganarelle prononce dans la dernière scène en la citant entre guillemets.

HIPPOCRATIS COI

IVSIVRANDVM.

ΙΠΠΟΚΡΑΤΟΥΣ ΟΡΚΟΣ.

Argumentum in Iusiurandum.

Quæ medici esse debeat erga præceptorem obseruantia & cultus, quæ vitæ integritas : quæ apud ægros præstare, quæ vitare ipsum oporteat.

POLLINEM Medicum, & Aesculapiū, Hygeāq̃, & Panacea iuro, deosq̃ oẽs itẽq̃ deas testes facio, me hoc iusiurādū, & hanc cōtestationē cōscriptā pro viribꝰ, & iudicio meo integrè seruaturū esse. Præceptore sanè q̃ me hāc edocuit artē, parētū loco habiturū, vitā cōmunicaturū, easq̃ quibus opus habuerit impertiturū:eos itẽq̃ ex eo nati sūt, pro fratribꝰ masculis iudicaturū, artẽq̃ hāc si discere voluerint, absq̃ mercede, & pacto edocturū:præceptionē, ac auditionū, reliquāq̃ totius disciplinæ participes facturum, tū meos, tū ꝑceptoris mei filios, imò & discipulos, q̃ mihi scripto cauerint, & medico iureiurādo addicti fuerint, alijs verò præter hos nulli. Cęterū q̃d ad ægros attinet sanados, diætā ipsis cōstituā ꝓ facultate & iudicio meo cōmodā, omnẽq̃, detrimētū, & iniuriā ab eis ꝓhibeo. Neq̃ verò vllius ꝓces apud me adeò validæ fuerint, vt cuipiā venenū sim ꝑpinaturus, neq̃ etiā ad hāc rē cōsiliū dabo. Similiter aūt neq̃ mulieri pessū ꝓ ꝫ ciēdo abortu dabo. Porrò castè & sānctè vitā & artē meā cōseruabo. Nec verò calculo laborātes secabo, sed viris chirurgiæ operariis eius rei faciēdæ locū dabo. In quascūq̃ aūt domos ingrediar, ob vtilitatē ægrotātiū intrabo: ab oiq̃ iniuria volūtaria inferēda, & corruptiōe, quūalia, tū ꝓsertim operū venereorū, abstinebo: siue mulie bria, siue virilia, liberorū've hoiū aut seruorū corpꝫ mihi cōgerint curāda. Quęcūq̃; verò inter curādū videro aut audiero, imò & ā medicā dū nō adhibit, īcū hoiū vita cognouero, ea, si q̃dē efferre nō oporturit, tacebo, & tāq arcana

Μνύμι Απόλλωνα ἰητρὸν, καὶ Ασκληπιὸν, καὶ Ὑγείαν, καὶ Πανάκειαν, καὶ θεοὺς πάντας, καὶ πάσας, ἵστορας ποιεὺμενος, ἐπιτελέα ποιήσειν κατὰ δύναμιν, καὶ κρίσιν ἐμίην, ὅρκον τόν
δε, ξυγγραφήν τήνδε. Ηγήσαθαι μὲν τὸν διδάξαντα με τὴν τέχνην ταύτην, ἴσα γονεῦσιν ἐμοίσιν, καὶ βίου κοινώσεθαι, καὶ χρεων χρηίζοντι μετάδοσιν ποιήσαθαι, καὶ γένος τὸ ἐξ ἑωυτέω, αδελφεοῖς ἴσον ἐπικρινεῖν ἄρρεσι, καὶ διδάξειν τὴν τέχνην ταύτην, ἢν χρηίζωσι μανθάνειν, ἄνευ μισθοῦ καὶ ξυγγραφῆς. Παραγγελίης τε καὶ ἀκροήσιος, καὶ τῆς λοιπῆς ἁπάσης μαθήσιος, μετάδοσιν ποιήσαθαι υἱοῖσί τε ἐμοῖσι, καὶ τοῖσι τοῦ ἐμὲ διδάξαντος. καὶ μαθηταῖσι συγγεγραμμένοις τε, καὶ ὡρκισμένοις νόμω ἰητρικῷ. ἄλλῳ δὲ οὐδενί. διαιτήμασί τε χρήσομαι ἐπ' ὠφελείη καμνόντων κατὰ δύναμιν, καὶ κρίσιν ἐμήν. ἐπὶ δηλήσει δὲ, καὶ ἀδικίη εἴρξειν. οὐ δώσω δὲ οὐδὲ φάρμακον οὐδενὶ αἰτηθεὶς θανάσιμον. οὐδὲ ὑφηγήσομαι ξυμβουλίην τοιήνδε. ὁμοίως δὲ οὐδὲ γυναικὶ πεσσὸν φθόριον δώσω. ἁγνῶς δὲ καὶ ὁσίως διατηρήσω βίον τὸν ἐμόν, καὶ τέχνην τὴν ἐμήν. οὐ τεμέω δὲ οὐδὲ μὴν λιθιῶντας. ἐκχωρήσω δὲ ἐργάτησιν ἀνδράσι πρήξιος τῆσδε. εἰς οἰκίας δὲ ὁκόσας ἂν ἐσίω, ἐσελεύσομαι ἐπ' ὠφελείη καμνόντων, ἐκτὸς ἐὼν πάσης ἀδικίης ἑκουσίης, καὶ φθορίης, τῆς τε ἄλλης, καὶ ἀφροδισίων ἔργων, ἐπί τε γυναικείων σωμάτων καὶ ἀνδρείων, ἐλευθέρων τε καὶ δούλων. ἃ δ' ἂν ἐν θεραπείη ἴδω, ἢ ἀκούσω, ἢ καὶ ἄνευ θεραπηίης κατὰ βίον ἀνθρώπων, ἃ μὴ χρή ποτε ἐκλαλέεσθαι ἔξω, σιγήσομαι, ἄρρητα ἡγεύμενος εἶναι τὰ τοιαῦτα. Ὅρκον μὲν μοι τόνδε ἐπι-

Extrait du serment d'Hippocrate, en latin (à gauche) et grec (à droite).

Retour sur l'œuvre

1. Vrai ou faux ?   V   F

a) Sganarelle est vigneron. ☐ ☐

b) Jacqueline est la femme de Thibaut. ☐ ☐

c) Léandre se déguise en perroquet. ☐ ☐

d) Géronte est un père qui ne veut que le bonheur de sa fille. ☐ ☐

e) Léandre est le soupirant de Jacqueline qui est la sœur de Lucinde. ☐ ☐

f) Lucinde est muette. ☐ ☐

g) Lucinde fait semblant d'être muette. ☐ ☐

h) La scène 3 de l'acte I est un monologue. ☐ ☐

i) C'est Sganarelle qui le prononce. ☐ ☐

j) Lucas est jaloux. ☐ ☐

k) Léandre reçoit des coups de bâton. ☐ ☐

l) L'acte I se passe chez Géronte. ☐ ☐

m) Lucas s'exprime en patois. ☐ ☐

n) Monsieur Robert vient au secours de Martine. ☐ ☐

o) Sganarelle est un vrai médecin. ☐ ☐

p) Sganarelle n'aime pas l'argent. ☐ ☐

2. La présence des personnages sur scène.
Complétez le tableau en indiquant, dans la colonne de gauche, le nom des personnages dans leur ordre d'apparition dans la pièce, et en cochant les scènes où ils apparaissent pour chaque acte.

	ACTE I					ACTE II					ACTE III										
Scènes	1	2	3	4	5	1	2	3	4	5	1	2	3	4	5	6	7	8	9	10	11
Sganarelle																					
....																					
M. Robert																					
....																					
....																					
Géronte																					
....																					
....																					
....																					
....																					
Thibaut																					

3. Les accessoires au théâtre.
Faites la liste des objets qui vous semblent indispensables pour mettre cette pièce en scène, puis dessinez-les.

4. Argumentez oralement pour justifier vos choix de la question 3. (Dans quelle scène a-t-on besoin de tel ou tel accessoire ?)

5. Parmi ces trois hommes célèbres cités de façon fantaisiste par Sganarelle, un seul a été un grand médecin de l'Antiquité. Lequel ?

Aristote ☐   Cicéron ☐   Hippocrate ☐

6. Devinettes.
Reportez-vous à la liste des personnages si nécessaire.

a) Il parle bien, il aime boire et courtiser les femmes.

C'est ....

b) Elle est jeune et amoureuse. C'est ....

c) Elle ne peut plus supporter son mari et elle veut se venger. C'est ....

d) Ils sont mari et femme et vous ne les avez pas encore cités. Ce sont .... et ....

e) C'est un bourgeois ; il est crédule. C'est ....

f) Il se déguise dans la pièce. C'est ....

g) Ils cherchent un médecin pour la fille de leur maître. Ce sont .... et ....

h) Ils cherchent un médecin pour la mère de l'un d'entre eux. Ce sont .... et ....

7. Complétez les phrases suivantes en utilisant le mot entre parenthèses qui convient.

a) Le Médecin malgré lui est une .... (tragédie/comédie).

C'est une .... (farce/blague).

b) Une farce est une pièce de théâtre qui se termine .... (bien/mal).

Les personnages y reçoivent .... (des coups de bâton/des pouvoirs magiques).

c) Dans un acte, il y a .... (une scène/plusieurs scènes).

d) Pour écrire *Le Médecin malgré lui*, ... (Molière/Sganarelle) s'est inspiré d'un fabliau appelé .... (*Le Gentil Mire/ Le Vilain Mire*).

Dossier
Bibliocollège

Progression dramatiqu

	ACTE I, À LA CAMPAGNE	ACTE II, CHEZ GÉRONTE PÉRIPÉTIES
Scène 1	**EXPOSITION** (1) **Scène de ménage** entre Martine et Sganarelle.	
Scène 3	**PERTURBATION** **Monologue de Martine qui jure de se venger.**	**Première tentative de séduction** de Jacqueline par Sganarelle.
Scène 4	**EXPOSITION** (2) Valère et Lucas cherchent un médecin pour guérir Lucinde, la fille de leur maître Géronte.	On amène la malade (Lucinde). Sganarelle donne sa consultation : **Géronte est dupé.**
Scène 5	**La vengeance** s'accomplit. Sganarelle est roué de coups et enrôlé comme « médecin malgré lui ».	Léandre apprend à Sganarelle que **Lucinde n'est pas muette. Sganarelle accepte d'aider Léandre.**
Scène 6		
Scène 7		
Scène 8		
Scène 9		
Scène 10		
Scène 11		

ACTE III, CHEZ GÉRONTE ET ALENTOUR
PÉRIPÉTIES (SUITE)

STRATAGÈME
Léandre est **déguisé** en apothicaire.

Deuxième tentative de séduction de la nourrice par Sganarelle. Mais Lucas a tout vu et tout entendu.

Une menace plane sur Sganarelle.

—

COUP DE THÉÂTRE
Lucinde reparle. Elle se révolte contre son père.

—

COUP DE THÉÂTRE
Lucas accuse Sganarelle d'avoir aidé Léandre à enlever Lucinde.

Retour de Martine qui apprend que **son mari va être pendu.**

—

DÉNOUEMENT
Nouveau retournement de la situation. Léandre annonce un **héritage imprévu. Tout est bien qui finit bien.**
Léandre épousera Lucinde et Sganarelle évitera la potence !

Il était une fois Molière

Jean-Baptiste Poquelin naît à Paris en 1622. Son père est tapissier du roi. Il perd sa mère alors qu'il a 10 ans et entre au collège de Clermont en 1633. En 1642, il obtient sa licence en droit et, la même année, il rencontre Madeleine Béjart. C'est avec elle qu'il va fonder sa troupe : l'Illustre-Théâtre. Jean-Baptiste Poquelin devient directeur de troupe. Il prend le pseudonyme de Molière (1644).

LES ANNÉES DIFFICILES (1645-1658)

Les débuts à Paris sont difficiles pour un artiste qui n'a pas de protecteur. Molière a des dettes. Il est emprisonné au Châtelet en 1645, puis libéré. Le succès faisant défaut à Paris, la troupe prend bientôt la route du Midi. Albi, Toulouse, Narbonne, Lyon, Pézenas : inlassablement, malgré la fatigue et la pauvreté, Molière monte ses tréteaux de ville en ville et donne des représentations pendant treize ans.

Enfin, en 1653, il obtient la protection du prince de Conti, puis celle du gouverneur de Normandie. Avec la création de *L'Étourdi* à Lyon, en 1655, et du *Dépit amoureux* à Béziers, en 1656, Molière se fait connaître. Il peut enfin rentrer à Paris, en 1658.

LA RECONNAISSANCE ET LA CONSÉCRATION

Louis XIV installe la troupe au théâtre du Petit-Bourbon. C'est là que triomphe, en 1659, *Les Précieuses ridicules*. Molière devient célèbre et le roi installe la troupe au Palais-Royal (1662). Molière enchaîne alors les pièces et les succès : en 1662, *L'École des maris* et *L'École des*

femmes ; en 1663, *La Critique de l'École des femmes*
et *L'Impromptu de Versailles*. Il épouse Armande Béjart,
la sœur de Madeleine.

Mais l'horizon s'obscurcit ; sa gloire suscite des jalousies
et des attaques. De plus, son fils né en 1663, filleul du roi,
meurt le 10 novembre. En 1664, Molière voit sa grande
pièce *Tartuffe* interdite dès la première représentation.
En 1665, la troupe devient « troupe du roi » et obtient
6 000 livres de pension. Cependant, il faut arrêter les
représentations de *Dom Juan* car la pièce fait scandale.
Molière est affaibli. L'année suivante, *Le Misanthrope* est
mal accueilli par le public. Heureusement, *Le Médecin
malgré lui* remporte un triomphe. Avant les grands succès
de 1668 – *Amphitryon, George Dandin, L'Avare* – Molière
doit encore essuyer la nouvelle interdiction de *Tartuffe*
qu'il a fait représenter sous un nouveau titre, *L'Imposteur*.

LES DERNIÈRES ANNÉES

Le temps presse, Molière est épuisé. Pendant des années
il s'est occupé de sa troupe ; il a écrit, joué, mis en scène.
Il aura encore le temps de donner *Monsieur de
Pourceaugnac* (1669), *Le Bourgeois gentilhomme* (1670),
Les Fourberies de Scapin et *La Comtesse d'Escarbagnas* (1671),
Les Femmes savantes (1672) et *Le Malade imaginaire*
(1673). Le vendredi 17 février 1673, un an exactement
après la mort de Madeleine Béjart, malgré les
exhortations de ses amis comédiens, il refuse
d'abandonner le rôle d'Argan. À la quatrième
représentation, les quintes de toux l'emportent. Il meurt
quelques heures plus tard. Comme tous les comédiens
de son temps qui ne renient pas leur métier avant leur
mort, il n'aura pas droit à l'inhumation religieuse.

Dates clés

1660 : le roi
installe la troupe
au Palais-Royal.

1664 :
interdiction
de *Tartuffe*.

1665 : arrêt des
représentations
de *Dom Juan*.

1666 : demi-
échec du
Misanthrope.
Succès du
*Médecin malgré
lui*.

1667 : seconde
représentation
de *Tartuffe*
(*L'Imposteur*),
seconde
interdiction.

1668 : *L'Avare*.

1671 : *Les
Fourberies
de Scapin*.

1672 : *Les
Femmes
savantes*.
17 février : mort
de Madeleine
Béjart.

1673 : *Le Malade
imaginaire*.
17 février : mort
de Molière.

Molière et son temps

À retenir

L'étudiant en médecine : il ne reçoit qu'un savoir théorique ; les travaux pratiques ne font pas partie de sa formation.

L'hygiène : le manque d'hygiène est total ; les épidémies se développent rapidement.

Les grandes épidémies de peste au XVIIᵉ siècle : 1653 : Toulouse. **1665 :** Londres. **1650-1653 :** Barcelone ; près de la moitié de la population est décimée.

LA MÉDECINE AU TEMPS DE MOLIÈRE

• La formation

Pour s'inscrire à la faculté de médecine de Paris, il faut connaître le latin, être catholique et habiter Paris. L'inscription coûte très cher sauf si on est fils de médecin. On apprend la diététique, l'hygiène, la physiologie, la pathologie, la thérapeutique et même la botanique car les médicaments sont composés essentiellement à base de plantes. On enseigne aussi l'anatomie, mais les progrès en la matière ont longtemps été ralentis parce que l'Église s'oppose à la dissection du corps humain. Les médecins en ont donc des notions confuses. En dehors des dissections de cadavres effectuées par le barbier-chirurgien, il n'y a pas de travaux pratiques. C'est à 25 ans, après deux années d'études, que l'étudiant passe les épreuves du baccalauréat. On lui demande d'expliquer une pensée d'Hippocrate et il doit ensuite présenter une thèse de quelques pages en latin, destinée à être imprimée. Puis, pour pouvoir exercer, l'étudiant présente la licence qui se réduit à un entretien pendant lequel il est principalement interrogé sur sa conception de sa vie de futur médecin. Enfin, il y a une grande cérémonie et une célébration religieuse.

• La pratique

À l'époque, on dispose d'instruments rudimentaires : seringues à clystère, bassins, fioles. Les remèdes sont constitués de potions à base de plantes ou « simples » plus ou moins exotiques (valériane, casse, séné…) ou d'autres drogues étranges à base de poudre de pierres précieuses, de crâne, de sang, d'urine ou d'estomac d'animaux. Les traitements sont réduits à des saignées ou à des clystères (lavements) ou encore à des purges, puisque l'on part du principe que les maladies proviennent d'excès ou de déséquilibres des « humeurs » dont il faut évacuer le trop-plein. Depuis l'Antiquité, le diagnostic s'appuie sur l'auscultation du pouls, l'étude de la fièvre, l'observation de la langue, des urines et des selles. Le sommeil et l'appétit du malade sont également interrogés. L'apothicaire, ancêtre du pharmacien, compose et vend les médicaments prescrits par le médecin. En outre, il peut administrer les clystères.

LA SANTÉ À L'ÉPOQUE DE MOLIÈRE

La pauvreté et le manque d'hygiène rendent la population plus vulnérable. Ni les antibiotiques, ni les vaccins n'ont encore été découverts et les grandes épidémies comme le choléra, la variole, la coqueluche et surtout la peste sévissent encore et ravagent périodiquement l'Europe. Suscitant la terreur et les crises religieuses, les épidémies engendrent des superstitions et des pratiques comme le « toucher royal » des écrouelles*.

Au XVIIe siècle, les enfants meurent encore souvent à la naissance, et à 40 ans on est déjà un vieillard. On ne connaît ni l'anesthésie ni l'antisepsie : les soins donnés aux blessures sont douloureux et les infections courantes.

Les hôpitaux ou hôtels-Dieu ont d'abord été administrés par l'Église. À l'origine, ils recevaient tous les malheureux, les malades, les pauvres, les vieillards

Définition

écrouelles : affection des ganglions lymphatiques cervicaux. On attribuait au roi de France le pouvoir de guérir les écrouelles simplement en les touchant.

impotents et les pèlerins. Mais, de François Ier à Louis XIV, les rois mènent une politique qui accélère leur laïcisation. Bientôt de nouveaux établissements s'ouvrent dans les villes. Les hôtels-Dieu sont alors fermés aux pèlerins pour se consacrer aux malades. Mais il est difficile d'isoler les malades contagieux. Organisés en immenses salles communes où les malades sont souvent entassés à trois ou quatre par lit, les hôtels-Dieu sont des foyers d'infection dans les villes.

L'hôpital de Beaune, au XIXe siècle.

L'ancien portail de l'Hôtel-Dieu, parvis de Notre-Dame, 1531.

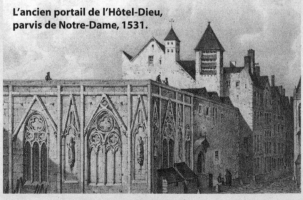

LE THÉÂTRE À PARIS AU XVIIᵉ SIÈCLE

• Les troupes officielles

Molière a connu le temps des tournées en province où il fallait improviser des scènes de fortune sur des tréteaux comme le faisaient les bateleurs* des foires.

À Paris, les troupes officielles se partagent différentes scènes : la troupe royale des Grands Comédiens, à laquelle le roi alloue une pension de 12 000 livres, est à l'hôtel de Bourgogne ; celle des Petits Comédiens du roi, qui n'est pas subventionnée par le roi, est au théâtre du Marais. En 1658, quand la troupe de Molière revient à Paris, elle s'installe au Petit-Bourbon, puis au Palais-Royal en 1661. Molière partage ces deux théâtres avec les comédiens italiens qui jouent *la commedia dell'arte*. Cette troupe est dirigée par le célèbre mime Tibério Fiorelli, dit Scaramouche, dont on dit qu'il fut le maître de Molière. La troupe de Molière devient « troupe du roi » en 1665 et perçoit 6 000 livres de pension annuelle.

• Les représentations

La scène est fermée par un rideau. Les décors sont souvent somptueux. Au Marais, on donne souvent des « pièces à machines » que le public adore car les décors changent à vue et ils sont féeriques ; on y crée déjà des « effets spéciaux ». C'est ainsi que l'on peut voir la mer s'agiter, les nuages se mouvoir dans le ciel ou les dieux dans l'Olympe.

Les meilleures places – les plus chères – sont sur la scène : c'est là que, selon la coutume anglaise, on dispose des chaises pour les personnes de qualité (*cf.* p. 120). Les gens riches peuvent réserver des loges.

Molière et son temps

Quant au tout venant des spectateurs, on le trouve debout au parterre, toujours très animé. Pendant les représentations, on s'y interpelle, on y chahute, il arrive même qu'on s'y batte !

Il fait très chaud dans la salle, d'autant plus que la scène est éclairée par des chandelles fixées au mur.

L'acoustique est mauvaise et les dimensions de la scène réduites.

Malgré ces mauvaises conditions, le nombre des spectateurs ne cesse d'augmenter. En 1660, les comédiens jouent trois fois par semaine, « les jours ordinaires » : le mardi, le dimanche et le vendredi pour les premières. À partir de 1680, les comédiens français (qui appartiennent à la Comédie-Française) jouent tous les jours en fin d'après-midi. Le théâtre est devenu très à la mode et les élégants y viennent autant pour voir que pour être vus !

À retenir

Un réel succès : les spectateurs sont de plus en plus nombreux à assister aux représentations malgré un confort sommaire. Le théâtre est à la mode.

1680 : création de la Comédie-Française.

Comédiens français au XVIIe siècle.

• La commedia dell'arte

La *commedia dell'arte* vient du théâtre italien, joué en italien, très gestuel, basé sur l'improvisation et proche de la farce. Les personnages de la *commedia dell'arte* les plus connus sont Scaramouche, Arlequin, Pantalon, Polichinelle, Pierrot.

• La Comédie-Française

En 1680, Louis XIV ordonne la fusion de la troupe de Molière avec celles de l'hôtel de Bourgogne et du Marais et constitue ainsi la Comédie-Française. Une seule troupe a le droit de jouer à Paris : celle des comédiens français, installée en 1687 rue des Fossés-Saint-Germain (l'actuelle rue de l'Ancienne-Comédie).

La Comédie-Française existe toujours. Elle est située place du Palais-Royal, rue de Richelieu. Subventionnée par l'État, elle joue essentiellement des pièces du répertoire classique. On l'appelle aussi « la Maison de Molière ».

Dominique dans le rôle d'Arlequin, gravure de Prud'Hon d'après un dessin de Cœuré.

• La troupe de Molière

Molière tient toujours le rôle principal dans ses pièces mais d'autres acteurs de talent font partie de sa troupe : La Grange ; Du Croisy ; les Du Parc (mari et femme) ; Baron.

La Comédie-Française... (hier)

La Comédie-Française... (aujourd'hui)

Le Médecin malgré lui, une farce

LES ORIGINES DE L'ŒUVRE

Le Médecin malgré lui est né d'un fabliau du Moyen Âge, *Le Vilain Mire* (le paysan médecin), mais il s'inspire aussi de la *commedia dell'arte*, ce dont témoigne le nom du personnage principal de la pièce, Sganarelle. Au confluent de ces sources se trouve le genre de la farce. La farce populaire plonge ses racines dans le fabliau médiéval. Elle est d'abord introduite dans la représentation des mystères.

Truculente, gestuelle, dramaturgiquement rudimentaire, elle est destinée à faire rire, mais elle constitue un genre qui se distingue de la comédie par ses procédés peu élaborés :

– la simplicité de l'intrigue ;

– le comique basé sur les gestes grossiers, les mimiques, les coups de bâton, les violences ;

– les mots, les jeux de mots, le langage populaire, le jargon, les injures ;

– les personnages types, caricaturés, les fantoches définis par leur milieu social et réduits à une caractéristique (le mari trompé, l'avocat véreux, le vieillard amoureux) ;

– des situations de la vie courante : scènes de ménage, disputes, tromperies qui engendrent ruses et stratagèmes comme le déguisement.

La Farce de Maître Pathelin, œuvre anonyme datée du XVe siècle, est exemplaire du genre de la farce.

LE MÉDECIN MALGRÉ LUI DANS L'ÉVOLUTION DE LA FARCE

Voici les principales étapes de l'histoire de la farce
à travers les siècles :

– du Xe au XVIe siècle : les mystères ;

– du XIe au XVIIe siècle : la farce ;

– XVe siècle : *La Farce de Maître Pathelin* ;

– XVIIe siècle : Molière, *La Jalousie du Barbouillé* (vers 1646) ;

Le Médecin volant (vers 1647) ;

L'Étourdi (1655) ;

Le Dépit amoureux (1656) ;

Sganarelle (ou le Cocu magnifique), 1660 ;

Le Mariage forcé, 1664 ;

L'Amour médecin, 1665 ;

Le Médecin malgré lui, 1666 ;

George Dandin, 1668.

Il convient d'ajouter à la liste des « vraies » farces celles
des pièces de Molière qui intègrent des scènes de farce
dans la comédie. Molière y utilise la farce au service
de sa technique dramatique et les effets comiques sont
liés à la psychologie des personnages, comme dans
L'Avare (1668) ou *Tartuffe* (qui triomphe en 1669).
Par ailleurs, dans *Amphytrion* (1668), Molière montre
avec talent qu'il est capable d'allier la bouffonnerie de
la farce à la grâce de la poésie.

L'une des pièces de Molière les plus populaires, qui
renouvelle le genre tout en s'en inspirant largement,
est la comédie-farce *Les Fourberies de Scapin* (1671)
(*cf. Les Fourberies de Scapin*, « Bibliocollège » n° 1).

Groupement de textes :
La farce : vengeance, coups de bâton et faux médecins...

L 'esprit de la farce du Moyen Âge a traversé les siècles pour le plus grand plaisir du public, et ses thèmes se sont perpétués à travers les âges : bastonnades à toute volée, déguisements de médecins, consultations burlesques... Tous les ingrédients sont réunis pour faire rire le spectateur.

VENGEANCE ET COUPS DE BÂTON

Le Vilain Mire (le paysan médecin), fabliau du Moyen Âge, est une des sources du *Médecin malgré lui*. On y trouve déjà les ressorts de la farce ainsi que les thèmes de la vengeance par coups de bâton et du « faux médecin ».

> *Un paysan jaloux bat sa femme tous les matins pour qu'elle pleure toute la journée et que les « damoiseaux » ne lui content pas fleurette. Chaque soir en rentrant il la console ! Elle décide de se venger.*

... Mais le lendemain matin, même tintamarre que la veille. Le paysan la rosse à la volée avant de partir à sa charrue.

Cette fois la femme se dit tout en pleurant : « Pas possible, il ne sait pas ce que c'est que d'être battu, il ne l'a sûrement jamais été. S'il savait ce que c'est, il n'agirait tout de même pas en pareille brute. »

Et voilà que passent sur le chemin deux messagers du roi montés sur des chevaux blancs. Ils saluent la dame et lui demandent, si elle veut bien, à se restaurer et se reposer un peu chez elle : ils sont fatigués.

– Volontiers, messires, voici du pain, du fromage et du vin. D'où êtes-vous donc, si je puis savoir ? Vous cherchez quelque chose ?

– Le roi nous envoie chercher un médecin, nous devons passer en Angleterre.

– Pourquoi en Angleterre ? dit la dame.

– Il faut un très grand médecin. La fille du roi est malade. Depuis huit jours elle ne peut plus ni manger ni boire, une arête de poisson lui barre et lui bouche le gosier. Le roi nous a comm…

– Les bons médecins ne sont pas tous au loin, répète la dame. Mon mari s'y connaît pour les humeurs ; je crois qu'il est aussi savant qu'Hippocrate.

– Vous voulez rire !

– Oh ! non, fait-elle, je n'ai guère le cœur à rire… Mais c'est vrai qu'il est drôle, je vous préviens. Il est fait de telle sorte, il est si paresseux qu'on n'obtient rien de lui si on ne le bat pas.

– Vous dites ?

– Ce que j'ai dit. Il faut le battre pour qu'il accepte de vous soigner.

– Comme c'est curieux !

– C'est curieux mais c'est tout de même commode. Il guérit fort bien les malades quand il a été battu.

– Bon !… Soit !… Bon !… On n'oubliera pas… Vous pouvez nous dire où il est, à cette heure-ci ?

Elle l'indique, ils y courent, ils le saluent de par le roi, ils lui ordonnent de venir avec eux.

– Pour quoi faire ?

– Parler au roi.

– Pour quoi faire ?

– Faire le médecin. Le roi a besoin de vous et nous sommes venus vous chercher.

Le paysan leur dit de le laisser travailler en paix, qu'ils sont fous, qu'il n'est pas du tout médecin et qu'il n'ira pas.

– Tu sais bien qu'il faut d'abord faire quelque chose, dit l'un des messagers.

– Eh bien, allons-y.

Ils prennent chacun un bâton et ils le battent de haut en bas, de bas en haut, jusque par-dessus les oreilles et par-dessous le bas du dos. C'est le paysan qui ressent les coups, cette fois ! Il cède et il a honte ; les messagers l'entraînent au palais du roi. Il doit marcher à reculons entre leurs chevaux blancs, la tête basse…

Anonyme, *Le Vilain Mire*, XIIe-XIVe siècle.

LE FAUX MÉDECIN

Le thème du faux médecin est déjà présent dans une des premières farces de Molière, *Le Médecin volant*, qui annonce *Le Médecin malgré lui*.

> *Sganarelle va aider son maître, Valère, à enlever la fille de Gorgibus grâce à un stratagème...*
>
> VALÈRE – Il faut que tu contrefasses le médecin.
>
> SGANARELLE – Moi, médecin, Monsieur ! Je suis prêt à faire tout ce que qu'il vous plaira ; mais pour faire le médecin, je suis assez votre serviteur pour n'en rien faire du tout ; et par quel bout m'y prendre, bon Dieu ? ma foi ! Monsieur, vous vous moquez de moi.
>
> VALÈRE – Si tu veux entreprendre cela, va, je te donnerai dix pistoles.
>
> SGANARELLE – Ah ! pour dix pistoles, je ne dis pas que je ne sois médecin ; car voyez-vous bien, Monsieur ? Je n'ai pas l'esprit tant, tant subtil, pour vous dire la vérité ; mais quand je serai médecin, où irai-je ?
>
> VALÈRE – Chez le bonhomme Gorgibus, voir sa fille qui est malade mais tu es un lourdaud qui, au lieu de bien faire, pourrait bien...
>
> Molière, *Le Médecin volant*, scène 2, 1659.

LE PETIT MALADE

Deux siècles plus tard, Georges Courteline, écrivain et auteur dramatique[1] (1858-1929), utilise, comme Molière, les procédés de la farce et le thème de la médecine pour faire rire le public. Dans sa pièce *Le Petit Malade*, il met en scène une étrange consultation qui se termine par un diagnostic peu ordinaire.

---

1. auteur dramatique :
auteur de pièces de théâtre.

La mère de Toto a fait venir le médecin parce que son fils tombe sans arrêt.

LE MÉDECIN, *le chapeau à la main*. – C'est ici, madame, qu'il y a un petit malade ?

MADAME – C'est ici, docteur ; entrez donc. Docteur, c'est pour mon petit garçon. Figurez-vous, ce pauvre mignon, je ne sais pas comment ça se fait, depuis ce matin, tout le temps il tombe.

LE MÉDECIN – Il tombe !

MADAME – Tout le temps ; oui docteur.

LE MÉDECIN – Par terre ?

MADAME – Par terre.

LE MÉDECIN – C'est étrange, cela… Quel âge a-t-il ?

MADAME – Quatre ans et demi.

LE MÉDECIN – Quand le diable y serait, on tient sur ses jambes, à cet âge-là !… Et comment ça lui a pris ?

MADAME – Je n'y comprend rien, je vous dis. Il était très bien hier soir et il trottait comme un lapin à travers l'appartement. Ce matin je vais pour le lever, comme j'ai l'habitude de faire. Je lui enfile ses bas, je lui passe sa culotte, et je le mets sur ses jambes. Pouf ! Il tombe.

LE MÉDECIN – Un faux pas, peut-être.

MADAME – Attendez !… Je me précipite ; je le relève… Pouf ! par terre ! et comme ça sept ou huit fois de suite. Bref, docteur, je vous le répète, je ne sais pas comment ça se fait, depuis ce matin tout le temps il tombe.

LE MÉDECIN – Voilà qui tient du merveilleux… Je puis voir le petit malade ?

MADAME – Sans doute.

Elle sort, puis reparaît tenant dans ses bras le gamin. Celui-ci arbore sur ses joues les couleurs d'une extravagante bonne santé. Il est vêtu d'un pantalon et d'une blouse lâche, empesée de confitures séchées.

LE MÉDECIN – Il est superbe, cet enfant-là !… Mettez-le à terre, je vous prie.

La mère obéit. L'enfant tombe.

LE MÉDECIN – Encore une fois, s'il vous plaît.

Même jeu que ci-dessus. L'enfant tombe.

MADAME – Encore.

Troisième mise sur pieds, immédiatement suivie de la chute du petit malade qui tombe tout le temps.

LE MÉDECIN, *rêveur.* – C'est inouï.

LE MÉDECIN, *au petit malade, que soutient sa mère sous le bras.*
– Dis-moi, mon petit ami, tu as bobo quelque part ?

TOTO – Non, monsieur.

LE MÉDECIN – Cette nuit, tu as bien dormi ?

TOTO – Oui, monsieur.

LE MÉDECIN – Et tu as de l'appétit ce matin ? Mangerais-tu volontiers une petite sousoupe ?

TOTO – Oui, monsieur.

LE MÉDECIN – Parfaitement. *(Compétent.)* C'est de la paralysie.

MADAME – De la para !... Ah ! Dieu !

Elle lève les bras au ciel. L'enfant tombe.

LE MÉDECIN – Hélas ! oui, madame. Paralysie complète des membres inférieurs. D'ailleurs, vous allez voir vous-même que les chairs du petit malade sont frappées d'insensibilité absolue.

Tout en lui parlant, il s'est approché du gamin et il s'apprête à faire l'expérience indiquée, mais, tout à coup :

LE MÉDECIN – Ah ça, mais... ah ça, mais... ah ça, mais... *(Puis éclatant :)* Eh ! sacrédié, madame, qu'est-ce-que vous venez me chanter avec votre paralysie ?

MADAME – Mais, docteur...

LE MÉDECIN – Je le crois bien, tonnerre de Dieu, qu'il ne puisse tenir sur ses pieds... Vous lui avez mis les deux jambes dans la même jambe du pantalon !

Georges Courteline, *Le Petit Malade*.

Bibliographie et filmographie

D'AUTRES PIÈCES DE MOLIÈRE À LIRE

George Dandin, « Bibliocollège » n° 45, Hachette Livre.
L'Avare, « Bibliocollège » n° 16, Hachette Livre.
Le Bourgeois gentilhomme, « Bibliocollège » n° 33, Hachette Livre.
L'École des femmes, « Bibliocollège » n° 24, Hachette Livre.
Les Femmes savantes, « Bibliocollège » n° 18, Hachette Livre.
Les Fourberies de Scapin, « Bibliocollège » n° 1, Hachette Livre.
Le Malade imaginaire, « Bibliocollège » n° 5, Hachette Livre.

SUR L'ÉPOQUE DE MOLIÈRE

La Vie quotidienne des médecins au temps de Molière
de C. Millepierres.
La Vie quotidienne des comédiens au temps de Molière
de G. Mongrédien.

FILMOGRAPHIE

Molière ou la Vie d'un honnête homme, d'Ariane Mnouchkine
(1978), avec Philippe Caubère.
L'Avare, de Jean Giraud (1980), avec Louis de Funès.

Imprimé en Italie par «La Tipografica Varese S.p.A.»
Dépôt légal : février 2014 - Collection n°63 - Edition n°21 - 16 /7826/7